PROUST ET LES ÉCRIVAINS DEVANT LA MORT

DU MÊME AUTEUR

Essais

LE SOUFFLE COUPÉ : RESPIRER ET ÉCRIRE, Gallimard, 1984. Prix de l'Académie française. Prix des Lectrices de *Elle*.

CANCER, À QUI LA FAUTE ? Gallimard, 1987.

LA CHAIR DE DIEU, Flammarion, 1990.

BAZILLE, 1841-1870 : RÉFLEXIONS SUR LA PEINTURE, LA MÉDECINE, LE PAYSAGE ET LE PORTRAIT, LES ORIGINES DE L'IMPRESSIONNISME, Grasset, 1992.

DU NEZ, Grasset, 1993. Prix Spécial du Médec, 1994.

Ouvrages d'information

LES ALLERGIES. LA FIN D'UNE ÉNIGME (avec J. Bousquet), Hachette, 1986.

POUR EN FINIR AVEC LES MALADIES PSYCHOSOMATIQUES (avec P. Gazaix), Albin Michel, 1987.

LES ALLERGIES (avec J. Bousquet), Flammarion, 1995.

Poésie

GARRIGUE (avec B. Ter Schiphorst), Alain Barthélémy, Avignon, 1979.

AGDE, AU FIL DES EAUX (avec B. Ter Schiphorst), Editions de la Tuilerie, Montpellier, 1985.

AU LARGE DE LA NUIT (avec C. Muhlstein), Presses du Midi, Montpellier, 1990.

NATIVE CAMARGUE (avec B. Ter Schiphorst), Espace Sud, Montpellier, 1991.

ENFANCE PROFANÉE (avec Cl. Abeille, J. Cardot et C. Muhlstein), à paraître, 1995.

FRANÇOIS-BERNARD MICHEL

PROUST
ET LES ÉCRIVAINS
DEVANT LA MORT

BERNARD GRASSET

PARIS

A M.-B. M.,
pour les heures que
Proust lui a volées.

« C'est bien du pneumocoque »

Vingt et un octobre 1922 : Marcel Proust n'a plus qu'un petit mois à vivre et il va de plus en plus mal, l'état général autant que la respiration. Son frère cadet, Robert Proust, professeur à la faculté de médecine de Paris, empêché par la grippe de se rendre à son chevet, lui écrit :

« Mon cher petit Marcel, [...] le premier jour où tu te réveilleras de bonne heure, fais-moi signe, et je viendrai. Bize a eu l'analyse des crachats. C'est bien du pneumocoque. » Le frère ajoute un conseil : fais revenir ton médecin, le Dr Bize, ça me rassurerait, et il termine par une formule tendrement affectueuse :

> *« Je t'embrasse profondément.*
> *Ton petit frère*
> *Robert. »*

Ce pneumocoque, on avait dû le soupçonner, mais l'analyse le confirme : le microbe est bien présent dans ses crachats. Constatation décevante : en voilà un qui a franchi le poste de garde du rempart de protection. Marcel Proust avait tellement la phobie des microbes qu'il avait mis en place pour s'en protéger une stratégie complexe, allant jusqu'à faire désinfecter au formol son courrier, avant de le toucher (on pense évidemment à l'influence de son père, professeur d'hygiène, inventeur du cordon sanitaire aux frontières). Malgré ses précautions, un pneumocoque s'est introduit dans ses bronches, mais il n'en sait pas plus que le résultat d'analyse. Que faire de ce pneumocoque ? Comment se rassurer sur cette bactérie ?

Rappelons qu'en cette fin octobre 1922, Proust est largement reconnu. On lui demande beaucoup plus d'articles qu'il ne peut en écrire, lui qui avait tant bataillé pour placer ceux qu'on ne lui demandait pas. Antérieurement, le 10 décembre 1919, l'académie Goncourt lui a décerné son Prix, pour *A l'ombre des jeunes filles en fleurs*. Premier tirage modeste : 3 300 exemplaires, contre 85 000 à son concurrent, Roland Dorgelès, pour ses *Croix de bois* que les critiques auraient préféré, puisqu'un ancien combattant y évoquait la guerre, gagnée un an plus tôt. Mais sa vie quotidienne est beaucoup moins favorable. Sa tante a vendu l'immeuble qu'il habitait, au 102 boulevard Haussmann, et il a dû en déménager précipitamment, pour la rue Laurent-Pichat d'abord, au quatrième étage de l'hôtel particulier de Réjane, très vite abandonné parce qu'il redoutait que les arbres du bois de Boulogne proche ne réveillent son asthme. Il s'est installé au cinquième étage du 44 rue Hamelin, un appartement glacial et inchauffable qu'il ne quittera plus. La maladie, sa vie de reclus et de travail acharné, son caractère difficile suscitant rejets ou jalousies, ont écarté de lui beaucoup d'amis, lointains ou intimes, et ne l'entoureront plus jusqu'à sa mort que quelques fidèles : Céleste, l'ami médecin le Dr Bize, Robert Proust le frère aussi aimé que redouté, Reynaldo Hahn et le dévoué directeur de la *NRF*, Jacques Rivière, qui assure la liaison avec l'éditeur Gaston Gallimard.

Revenons au pneumocoque. Pour s'informer, le plus simple aurait été d'interroger son frère. Quoique chirurgien, Robert Proust lui aurait facilement trouvé les informations. Mais, une fois encore, il a préféré s'adresser à des inconnus. Pourquoi? Il ne fait plus confiance aux siens. Les professeurs Proust père et fils lui ont trop répété que son asthme était nerveux et qu'il n'avait qu'à se calmer et mener une vie plus normale, il a trop constaté aussi que leurs médicaments ne le guérissaient pas. Son opinion sur sa maladie et lui-même, enfin, s'est modifiée. Après avoir longtemps pensé qu'il souffrait de ses organes intoxiqués (adepte de Brissaud et Linossier dans sa vie, Cottard dans le roman), il est devenu « psychologiste » (Dubois dans sa vie, du Boulbon dans le roman) : les maladies, selon une formule-raccourci sommaire et trivial d'aujourd'hui, « c'est tout dans la tête ». D'ailleurs, il propose ses prestations médicales à malades et bien portants et se vante de guérisons obtenues. Mais la médecine et les médecins, c'est fini pour lui. Il a acquis la conviction toute subjective qu'en matière de santé, il pouvait se suffire et s'en sortirait tout seul. « Vous verrez, Chère Céleste, [...] je suis plus médecin que les médecins. » Pourtant, dira Céleste Albaret, l'un des souvenirs les plus terribles de ses dernières années fut bien son « refus obstiné de vouloir se soigner ». « Si je passe cette nuit, avait-il dit à Céleste le dernier soir, je prouverai aux médecins que je suis plus fort qu'eux. » Il ne la passera pas.

Pour se renseigner, il lui fallait donc un inconnu, à l'endroit duquel il se sentirait libre, au contraire de son frère professeur, qu'il refusait de recevoir parce qu'il lui était devenu insupportable.

Pourquoi? Lors de sa dernière visite, Robert avait eu le malheur de prononcer des mots interdits : « clinique, infirmière », qui étaient pour Marcel des repoussoirs absolus. Et Robert avait fait pire, il avait menacé son frère : « Si tu ne veux pas te laisser hospitaliser, il faudra qu'on te soigne malgré toi. » En cela, le brave chirurgien avait manqué totalement de psychologie, car de la clinique du Dr Paul Sollier, neuropsychiatre à Boulogne-sur-Seine, où il avait séjourné après la mort de sa mère, Marcel n'avait pas conservé le meilleur souvenir, puisqu'il en était sorti, soidisant, plus malade qu'il n'y était entré. Mais voici l'erreur majeure de Robert : vouloir faire hospitaliser Marcel, c'était l'arracher à sa chambre de liège, entraver les dernières mises au point de la *Recherche*, c'est-à-dire quasiment le tuer.

Aussi, Marcel s'est-il mis en colère contre son frère. Comment? Tu voudrais me contraindre? « Va-t'en, je ne veux plus te voir. Je t'interdis de revenir si c'est pour m'imposer quelque chose », et sitôt après l'avoir chassé, Marcel a appelé Céleste : « Céleste, vous ne laisserez jamais plus entrer mon frère, ni le docteur Bize, ni personne. Je ne veux que vous, ici. Moi, je vous dis, Céleste, que je veux faire ce que je veux jusqu'à la fin. »

Robert est parti bouleversé. Sur le pas de la

porte, il a simplement demandé à Céleste de le prévenir si l'état de son frère s'aggravait.

Pour le pneumocoque, pas question par conséquent, de faire appel à Robert. Il aurait pu interroger le Dr Bize, son médecin traitant et ami, qu'il questionne régulièrement pour les évocations médicales de la *Recherche*, mais lui aussi parle d'hôpital ou de piqûres d'huile camphrée pour « décongestionner les bronches », et Marcel a horreur des piqûres. Comment s'informer sur le pneumocoque, en court-circuitant son entourage médical ? Toujours aussi impatient, Proust voudrait le renseignement tout de suite. Une idée ! Il réveille le chauffeur Odilon Albaret et l'envoie chez l'ami Jacques Rivière. En plein sommeil, celui-ci n'a pas compris qu'on venait le chercher pour l'emmener chez Proust. Odilon revient bredouille et dès son retour, Proust dicte à Céleste une lettre pour Rivière : « Jamais vous ne devineriez pourquoi je vous avais fait cherché ce soir. » Il était effectivement difficile au destinataire d'imaginer qu'on était venu le chercher en urgence nocturne, afin de connaître l'adresse de son frère bordelais pour des questions de pneumocoque. Mais Proust aime bien s'amuser avec ces petits mystères : « Avouez, dit-il à Rivière, que vous n'auriez pas deviné ? »

Le lendemain, Rivière donne l'adresse de son frère chéri, Marc, chef de clinique d'accouchements à la faculté de médecine de Bordeaux, qui sera « profondément heureux et flatté de lui rendre service ». Je souligne ici l'étonnante symétrie des deux amis écrivains : ils sont tous deux fils et frères de professeurs de médecine, enfants de « mandarins » rigides, issus de milieux assez modestes pour vouloir en pérenniser le mode de vie qui leur avait « réussi », mais dont leurs enfants n'ont pas voulu.

Proust précise à Jacques Rivière qu'il sera « préférable de laisser ignorer à mon frère que je corresponds avec le vôtre » et sitôt muni de l'adresse, il pose ses questions. Le frère bordelais répond dans une lettre charmante et pédagogique qui, soixante-dix ans plus tard, demeure assez pertinente.

> Monsieur,
> Mon frère Jacques me prie de bien vouloir vous donner l'explication de quelques mots barbares appartenant à notre vocabulaire médical. C'est avec le plus grand plaisir que je vais m'efforcer de satisfaire votre curiosité.
> En bactériologie, on appelle « cocci » une infinité de microbes différents qui ont comme caractère commun d'être presque punctiformes, très légèrement ovoïdes. Ces cocci, groupés par deux, constituent des « diplocoques », groupés en chaînette, ils sont alors appelés « streptocoques ».
> Le « pneumocoque », microbe pathogène qui

vit presque toujours dans la gorge et le pharynx des individus sains, appartient à la classe des diplocoques, ses éléments se groupant par deux.

Streptocoques et pneumocoques se rencontrent dans presque tous les crachats et ne présentent qu'exceptionnellement une virulence marquée.

Le pneumocoque, c'est exact, habite la gorge de 40 % de personnes en bonne santé. De la lettre du frère Rivière pourtant, Proust ne retient que ce qu'il a envie de retenir : le pneumocoque est un gentil saprophyte des voies respiratoires, totalement dépourvu de danger. L'affaire est réglée, il ne lui reste plus qu'à charger Jacques Rivière de remercier son frère pour ses « gracieuses pastorales bordelaises, où chaque microbe est un signe de santé ».

Ici, on se pose une question. Proust a-t-il « voulu » mourir ? Lassé de sa vie de souffrance qu'il a qualifiée de « lente agonie », usé par sa lutte quotidienne contre la maladie, et cédant à des pulsions de mort, se serait-il résigné à l'ultime fatalité ?

Deux ans plus tôt, en novembre 1920, au décours de crises d'asthme atroces et d'overdoses médicamenteuses, il avait vu la mort de très près. Il avait ingurgité d'un seul coup une boîte de cachets de Véronal avec du dial et de l'opium, non pas, a-t-il précisé ensuite, « par désir de mort, aimant beaucoup l'affreuse vie à laquelle je ne tiens plus que par un fil, mais par une rage de dormir qui m'a fait prendre en une fois » tous ces médicaments. Voilà sa réponse à la question posée : son overdose de somnifères n'était pas un suicide manqué, mais cette rage de dormir enfin, que connaissent bien beaucoup d'insomniaques. Aussi cruelle et fragile soit sa vie, il affirma donc l'aimer beaucoup, mais remarquons qu'en avalant des doses insensées de barbituriques, il se plaçait (et ce comportement a sous-tendu le parcours de sa vie) en danger de mort. Dans un article rédigé un peu plus tard, il précise encore que, pour avoir eu un rapport direct avec la mort, il ne l'a finalement pas trouvée assez belle pour se laisser séduire : « Une étrangère a élu domicile dans mon cerveau. Elle allait, elle venait ; bientôt, d'après tout le train qu'elle menait, je connus ses habitudes. D'ailleurs comme une locataire trop prévenante, elle tint à engager des rapports directs avec moi. Je fus surpris de voir qu'elle n'était pas belle. J'avais toujours cru que la mort l'était. Sans cela, comment aurait-elle raison de nous ? » Est-ce une dénégation ?

Une seconde hypothèse serait que Proust ait espéré maîtriser lui-même son pneumocoque sans l'aide des médecins, animé par son scepticisme acquis à l'encontre de la médecine et sa conviction croissante que le malade était le meilleur médecin de lui-même.

Il est peu probable, quoi qu'il en soit, qu'il ait été dupe de la gracieuseté de son pneumocoque. En ces jours de novembre où il s'en savait victime, il retoucha jusqu'au 6 le texte de *La Prisonnière*. Evoquant l'impuissance des êtres les plus chers à protéger l'« équilibre instable » du cœur, menacé par d'aussi petites phrases que : « Gilberte ne viendra pas », il écrivait : « Si un poète est mourant d'une pneumonie infectieuse, se figure-t-on ses amis expliquant au pneumocoque que ce poète a du talent et qu'il devrait le laisser guérir ? »

« Marcel ne veut pas se laisser soigner »

On ne saurait évidemment en vouloir au Dr Rivière d'avoir rassuré Marcel Proust, il a cru bien faire. Mais, si le pneumocoque est saprophyte chez 40 % des individus sains, cela signifie qu'il est pathogène chez les autres 60 %, dont Marcel Proust s'est exclu d'emblée. Et le sien l'était, envahissant chez un homme épuisé par l'asthme, ses médicaments et sa diète insensée, réduite, comme pour un vieillard édenté, au café au lait. Or puisqu'il n'a rien fait pour guérir, ce pneumocoque le tuera trois semaines plus tard. Car les jours suivants, s'est développée une pneumonie à pneumocoques qui évolua en septicémie et se compliqua d'insuffisance respiratoire fébrile.

Robert Proust est retourné chez son frère, mais Céleste respecta la consigne et il ne fut pas reçu. Dans la rue, il croisa Reynaldo Hahn qui allait voir Marcel (son « Cher petit »). Reynaldo n'a pas vu son ami, mais lui a fait le compte rendu de leur conversation : « Marcel n'a pas quelque chose de grave, lui a dit Robert Proust, il s'agit de pneumocoque, c'est-à-dire d'une chose qui se soigne et se guérit facilement. Encore faut-il le soigner, mais Marcel ne veut pas se laisser soigner. » Il reconnaît qu'il a eu tort de parler de clinique et d'infirmière, « mais que voulez-vous, cette brave Céleste est peut-être une très bonne fille, mais elle ne peut pas vraiment soigner un malade ».

Et le frère professeur de médecine a pris à témoin l'ami de cœur. Vous vous rendez compte ! Moi qui soigne tant de malades, ne pas pouvoir soigner mon frère ! Dans mon service à l'hôpital, je ne laisserais pas un malade comme lui dans cet état. Et s'il s'était cassé une jambe, il se laisserait bien plâtrer ! Or Marcel connaît bien tous ces malades que lui, Robert, a guéris, comme Marie Laurencin pour laquelle il a obtenu « un bon résultat ».

Reynaldo Hahn a répété à Marcel Proust les propos de Robert dans l'espoir de le décider à se laisser soigner, mais il sait bien, et le déplore, qu'il n'a pas « la moindre petite influence » sur lui. Personne d'ailleurs, n'a aucun poids sur ses décisions, personne ne peut l'arracher à son jeûne insensé. Et cette impuissance est encore plus douloureuse lorsqu'il s'agit d'une des personnes qu'on a le plus aimées, mais que, précisément parce qu'on les aime, on doit prendre comme elles sont. Proust, définitivement déçu de la médecine, décidera donc tout seul et laissera le pneumocoque jouer son jeu et le tuer.

Ici, je vois surgir l'objection : pourquoi nous raconter cette histoire de pneumocoque ? Encore un livre sur Proust ? Encore une prétention de nouveauté sur Proust ! Laissez-nous lire Proust en paix, déguster notre plaisir tranquillement à la recherche du temps perdu. Auriez-vous cédé une fois de plus à cette tentation, cent fois dénoncée, d'assimiler l'auteur à l'œuvre ? On vous l'a dit et répété : l'œuvre de Proust n'est pas une autobiographie. C'est le Narrateur qui parle.

Procès d'intention totalement infondé. Oui, j'ai du nouveau sur Proust. Et de l'ancien aussi, si on considère qu'à partir de lui, j'ai voulu, du singulier, plaider le pluriel, l'universalité de l'humain. Mais j'ai surtout voulu répéter que la créativité de l'art est transcendance de l'humain, dans un creuset qui brûle ceux qui en subissent l'épreuve.

Mais alors, parlez-nous de choses plus sérieuses que l'asthme de Proust !

J'ai toujours du mal à comprendre pourquoi et comment on peut refuser à Marcel Proust la compassion qu'on accorde à tant d'autres, ou à laquelle peut prétendre tout être souffrant. Pneumologue et proustien, j'ai été interrogé cent fois sur le sujet de son asthme. Je finis par répondre : « L'asthme de Proust ? C'était l'enfer ! » Etre asthmatique aujourd'hui avec les médicaments actuels, ce n'est pas drôle tous les jours et nuits. L'avoir été au temps de Proust, où l'efficacité des médicaments était proche de zéro, ce devait être atroce. Regards stupéfaits ou incrédules : quoi ? Une crise d'asthme au printemps ! Et le personnage ? Un simulateur hypocondriaque et névrosé. Un sale égoïste. Un salonnard, toujours en train de combiner un coup de piston pour placer ses articles dans le *Figaro* ou la *NRF*. Dites plutôt la vie ratée d'un pleurnicheur. Parlez-nous plutôt des tuberculeux, Modigliani, Stevenson, Mozart et sa fin tragique, la fosse commune. Ou de la sclérodermie de Paul Klee, ou encore du drame de Vincent. Oui, Vincent Van Gogh, qui agonise, suicidé, désespéré, sur son grabat, visage tourné contre le mur de sa chambre, à la pension Ravoux.

Et puis, quelle maladie ! L'asthme ? Ce n'est pas une maladie, simplement une histoire psychosomatique. C'est nerveux. Un certificat de longévité. La tuberculose, le cancer, le SIDA, ça oui, ce sont de vraies maladies !

Comment être assez aveugle pour ne pas voir que toutes les maladies procèdent de la même gésine d'une humanité qui n'en finit pas de devenir ! Quand donc admettra-t-on qu'il n'existe, depuis les commencements de l'homme, qu'une seule maladie, la maladie humaine, celle d'être un homme, de vivre condamné à mourir, de sortir du ventre chaud d'une mère pour aller vers le froid d'une tombe ? Au lieu de mesurer malades et maladies en dioptries de notre myopie, il suffirait de lire, d'écouter et entendre ce que disent les écrivains, qui ont tant à nous apprendre.

Encore une interrogation. En ces temps de Bosnie et de Rwanda, est-il incongru ou futile de reparler de Proust ? Non, trois fois non. Si *À la Recherche du temps perdu* demeure une œuvre clé de la littérature mondiale, c'est parce que la vie de son auteur fut toute entière tendue vers l'extrême-nord humain. Les 21 tomes de sa *Correspondance* témoignent de son insoutenable difficulté à vivre mais témoignent de l'homme aussi, des hommes et des femmes dont s'entre-croisent les itinéraires, les amours, les joies et les souffrances. Le combat de Proust fut donc un combat pour l'homme. Car c'est de l'homme qu'il s'agit, et « de l'homme, demande Saint-John Perse, quand donc sera-t-il question ? » Pour demeurer confiant en l'homme, il nous faut plus que jamais des géants de la taille de Proust.

Aujourd'hui, on ne s'écrit plus beaucoup, mais les écrivains du SIDA nous ont laissé leur journal. Roman, correspondance, journal, où est l'essentiel du dire d'un écrivain par ces temps de barbarie ? La révélation d'un virus, d'un taux de lymphocytes, la débine d'un corps, ou bien la lutte quotidienne pour défier l'absurde, dominer la désespérance, surmonter son destin, transcender le temps et la mort ? Pourvu qu'en soit grandi l'Humain ! Face à leur atroce destin, rejetant ou rejetés à leur solitude, les écrivains du SIDA luttent, comme Proust, contre l'accélération du temps et affirment en écho avec lui : écrire, c'est résister, écrire, c'est vivre !

Je voudrais scruter d'abord les lectures médicales dont Proust était glouton, responsables à mes yeux de la souffrance mortifère qui fut certes l'entrave de sa vie, mais de son œuvre aussi, la « collaboratrice inspirée ».

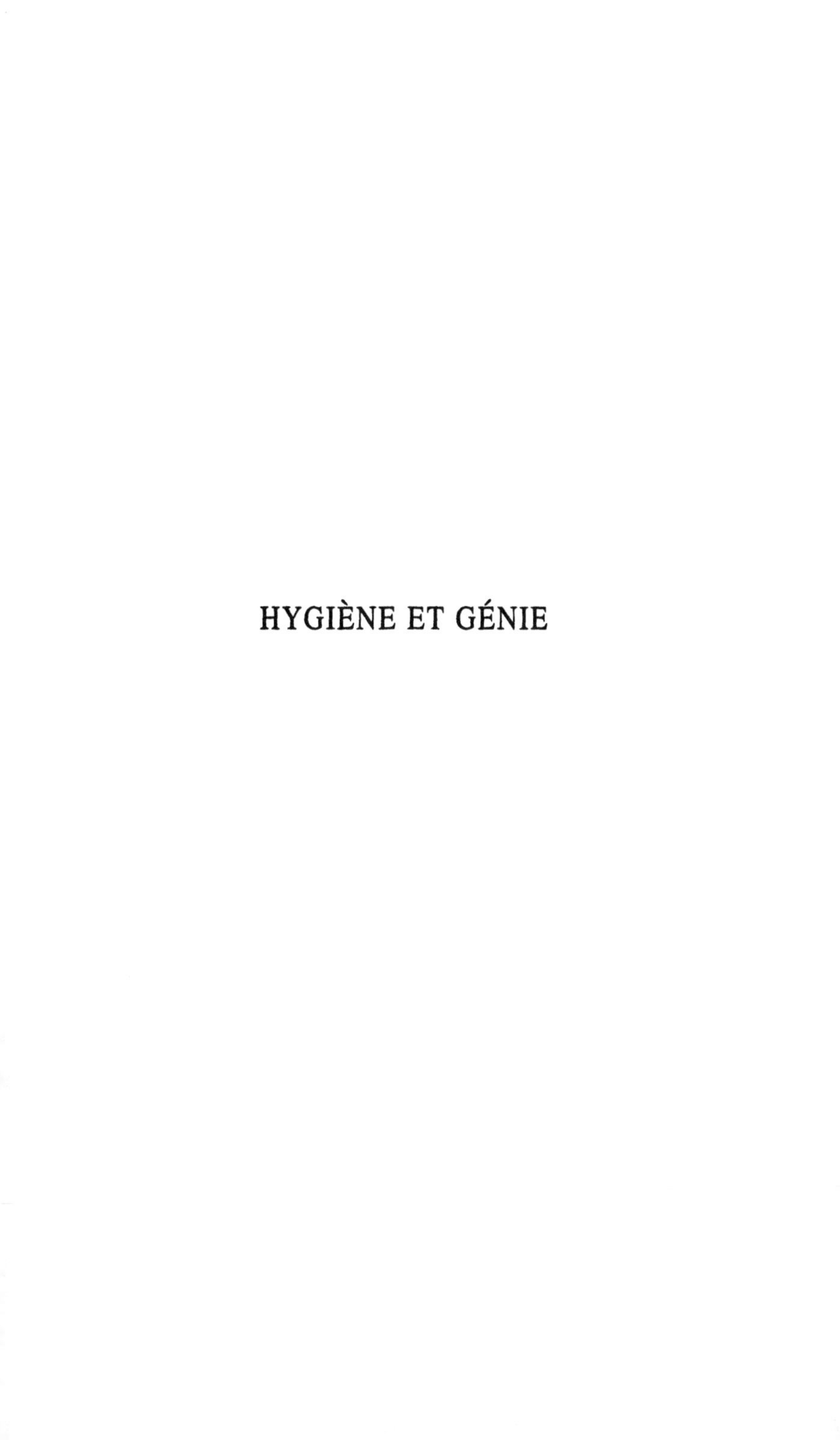

HYGIÈNE ET GÉNIE

« *Hygiène de l'asthmatique* »

Le mal-être de Marcel Proust documenterait, si on en dressait le catalogue, une véritable encyclopédie du mal de vivre. Un collègue américain, le Pr Bernard Strauss, du Mount Sinai Hospital de New York, a dénombré chez lui trente-cinq maladies. Comptabilité dérisoire ! Disons qu'il n'est pas un seul de ses organes dont il ne se soit plaint, qu'il n'ait soupçonné de maladie, ou pour lequel il n'ait consulté : « Je maudis mon corps qui ne m'apporte qu'une incessante souffrance. »

Il est habituel de répéter que Marcel, né en 1871 et qui vécut par conséquent dans l'utérus maternel le siège de Paris par les Prussiens et l'insurrection de la Commune, ne pouvait qu'être chétif des privations alimentaires de Mme Proust, et prédestiné à l'angoisse pour avoir éprouvé dans son ventre le choc qu'elle subit quand Adrien Proust faillit être tué par une balle perdue.

C'est le destin des enfants qui n'auraient pas dû survivre d'être définitivement regardés comme des aberrations. A tort ou à raison, Marcel a donc été considéré d'emblée comme maladif, il s'est entendu qualifier en famille de maladif, et pour se conformer à la saga familiale des Proust, il ne pouvait pas ne pas devenir maladif. Qui saurait dire la conséquence de la marque indélébile des « je l'ai cru mort », ou bien « j'ai failli le perdre dès l'enfance », répétés par des mères imprudentes devant leur enfant? On ne pourra jamais affirmer que Marcel Proust portait dans ses chromosomes les gènes de l'asthme et de l'anxiété; limitons-nous à constater qu'il a été asthmatique et anxieux.

Pour connaître un malade et sa maladie, il faut parfois connaître aussi le médecin. Il ne semble pas que le père de Marcel, le Pr Adrien Proust, ait beaucoup soigné son fils. L'a-t-il même examiné? A une plainte de brûlure thoracique asthmatique, il aurait simplement répondu : « douleur intercostale ! » Marcel Proust a donc beaucoup consulté d'autres médecins, mais il s'est surtout soigné avec des livres. Où a-t-il puisé ses informations sur l'asthme? Dans l'*Hygiène des asthmatiques* du Pr Edouard Brissaud, grand patron parisien de l'hôpital Saint-Antoine. Et que disait Brissaud? Que l'asthme était une névrose !

Le Pr Adrien Proust, titulaire de la chaire

d'hygiène à la faculté de médecine de Paris, a beaucoup écrit (vingt-cinq livres) et dirigé une Bibliothèque d'hygiène thérapeutique, collection de précis médicaux, ancêtre des modernes « Vivre avec... » son hypertension artérielle, son diabète, son asthme. A l'enseigne de la déesse Hygieia, il a édité dix-sept volumes, déclinant l'hygiène des syphilitiques, des albuminuriques, des goutteux, des tuberculeux, etc. Ces précis entassaient en désordre des idées à la mode, des affirmations gratuites, des principes de morale, les fantasmes de l'auteur et... le peu de science alors disponible.

Hygiène, hygiène, en veux-tu, en voilà : *Traité d'hygiène*, *Revue d'hygiène et de police sanitaire*, *Essai sur l'hygiène internationale*, *Douze Conférences d'hygiène*! Soyez hygiéniques et vous vivrez heureux! A défaut de médicaments curatifs, soignez votre bonne santé. Le médecin d'aujourd'hui, fier d'une médecine qui a progressé davantage en quarante ans qu'en quarante siècles, serait volontiers porté à ricaner de ses prédécesseurs. Erreur! Obligation d'humilité! Ses successeurs riraient autant de lui qu'il le ferait d'eux. Aussi puissants que se croient les médecins aujourd'hui, ils ne le sont pas assez pour dédaigner l'hygiène. Ont-ils mieux qu'elle à opposer aux fléaux mondiaux? En dépit des progrès gigantesques, ne sont-ils pas réduits au préservatif pour le SIDA, à la moustiquaire pour la malaria et à l'eau de javel pour certaines maladies infectieuses?

Adrien Proust a donc sollicité le Pr Brissaud pour rédiger l'*Hygiène des asthmatiques* (1896), que Marcel a lu et relu. Je ne sais ce qu'il a retenu des lectures répétées de ces deux cent dix pages, mais l'introduction contient déjà des jugements sans appel. Après avoir indiqué en effet que « asthme » (alors synonyme d'essoufflement) est un mot issu de la fauconnerie (un oiseau épuisé après la chasse est « asmé »), le Pr Brissaud y déclare d'emblée que l'asthme est une « névrose pure ».

Et il continue dans un enchaînement superbement logique :

« Il est bien rare qu'une *névrose pure* compromette l'existence. » Beaucoup d'asthmatiques, remarque-t-il, atteignent en effet un âge avancé sans avoir eu à souffrir d'aucune maladie aiguë, sans autre infirmité que leur névrose périodique. Puisque « jamais ils ne se portent mieux que dans les jours qui précèdent et qui suivent leur plus grande crise [...], le plus sage est de ne rien faire. Quelques-uns en prennent leur parti sans consulter le médecin. Ils savent que l'orage embellit le temps » (!)

« D'ailleurs, continue Brissaud, si l'asthme est une *protection*, est-il prudent de le combattre ? »

Après avoir brossé un tel tableau de la maladie, fallait-il vraiment lui consacrer un volume? Le Pr Brissaud justifie sa légitimité : il est bien obligé de prêcher cette philosophie difficile à ceux qui l'ignorent. Et n'allez pas reprocher aux médecins leur incapacité : conseiller au malade de « vivre avec son mal » n'est-ce pas le meilleur conseil, puisque « vivre avec son mal, c'est déjà n'en pas mourir. Et c'est l'essentiel ». On ne pourra reprocher à Brissaud de manquer de logique. S'il s'avoue ensuite incapable « d'enrayer brusquement une crise d'asthme », il se l'interdirait s'il le pouvait car « après tout, quelle métastase pourrait inopinément survenir? »

Et il conclut : « L'hygiène des asthmatiques consiste surtout en une sorte de discipline fonctionnelle que chacun de nous peut et doit s'imposer; elle emprunte bien moins à la thérapeutique qu'à ce régime de vie. » Le rôle du malade prime celui du médecin, ajoute-t-il, affirmant après Jean-Jacques Rousseau que l'hygiène de l'asthmatique, « ce n'est pas une science, c'est une vertu ».

Après cette introduction péremptoire, tout est dit ou presque. Que manquait celui qui refermait le livre sur les deux cents autres pages? Des affirmations choc, en forme de verdicts, qui ne pouvaient que condamner l'enfant asthmatique et ses parents à une fatalité résignée. Résumé :

— La « carrière pathologique » se dessine à la puberté, où la « prédisposition névropathique » de l'asthme infantile peut évoluer en « métastases nerveuses ».
— La névrose est « souveraine maîtresse », il faut céder à sa loi.
— L'imagination, « la folle du logis », déclenche l'asthme psychique.
— Les secousses morales « réveillent la névrose endormie », celle par exemple de « l'asthme gastro-intestinal ».

Les deux derniers chapitres du livre sont assez inquiétants pour avoir profondément angoissé Proust. Le tout dernier sera évoqué plus tard, mais le titre de l'avant-dernier est une malédiction que Proust a eu le malheur de réaliser et dont il est mort : « La cachexie asthmatique ». Il a relu ce chapitre en décembre 1904, après qu'une crise violente lui eut coupé le souffle. Dans le Brissaud, écrit-il à Lucien Daudet, « j'ai lu que chaque crise qu'on se redonne ainsi, détraque je ne sais quoi dans l'organisme et hâte le moment final ».

La description de Brissaud est un peu longue mais je la cite pour souligner quelles peuvent être les erreurs de jugement médical : « Lorsque les crises d'asthme se répétent pendant des jours, des semaines, des mois, la résistance nerveuse s'épuise : l'effort est trop grand, surtout trop prolongé pour que l'énergie du malade, mesurée d'avance, y suffise. Toutes les fonctions sont en souffrance : la vie, constamment menacée parce qu'elle est à la merci des moindres influences pathogènes, n'est plus possible que si elle se réduit au minimum des actes végétatifs. *C'est la cachexie.* Comment donc la névrose peut-elle conduire à cette cachexie? Il est une catégorie d'asthmatiques que le sort paraît avoir frappés dès l'origine d'une sorte de malédiction. C'est une fatalité inéluctable [...].

« L'asthme aussi semble choisir quelques victimes pour leur faire payer l'invulnérabilité des autres. La névrose cesse alors d'être protectrice. Elle entame si profondément l'organisme, elle redouble si impitoyablement ses coups, que les plus robustes y succombent; du moins, s'ils ne meurent pas, sont-ils réduits à une manière de *misère physiologique*. Rien n'y fait, et l'on abandonnerait d'avance la partie, si le devoir n'était de lutter contre toute espérance.

« L'inexactitude des repas, leur réduction voulue, quelquefois leur suppression pendant quelques jours, équivaut à une désaccoutumance insensible du besoin de manger; la stricte ration d'entretien n'est plus même nécessaire. L'état psychique qui, dans ces conditions, s'affirme plus que jamais névropathique, est peu modifié par le besoin, car la faim qui annonce le besoin ne se fait plus sentir.

« Le malade peu disposé aux concessions qu'on lui demande et qui exigent un minimum d'efforts se laisse aller insensiblement à la *pire habitude*, celle de l'anorexie. Au fur et à mesure qu'il maigrit, la dyspnée s'exalte, et comme il est d'autant plus décidé à refuser toute nourriture que la dyspnée est plus intense, aucun discours, aucune objurgation ne peuvent lui faire abandonner le cercle vicieux dont les conséquences redoutables le serrent de plus près chaque jour. »

L'impressionnable Marcel Proust pouvait-il échapper à des affirmations aussi angoissantes ? Les comptes rendus nutritionnels de sa *Correspondance* illustrent sans cesse les propos de Brissaud, et ce constat est une leçon toujours actuelle pour le médecin. Chaque fois qu'il est assez honnête pour se limiter au vérifiable et vérifié, chaque fois qu'il a l'humilité de dire « je ne sais pas » lorsqu'il ne sait pas, il laisse la porte ouverte au progrès. Lorsqu'il élabore, à partir de cas particuliers, des lois générales infondées, non seulement il obère le progrès, mais il induit ses malades en erreur. Que l'asthme entrave l'alimentation de tel ou tel asthmatique, c'est sûrement vrai, mais la « cachexie » des asthmatiques est une vue de l'esprit, beaucoup d'entre eux ayant plutôt tendance à l'obésité.

Comment Marcel Proust en est-il arrivé à la cachexie asthmatique? En adoptant ces concepts infondés de « viciation » alimentaire (alors que, nous l'avons démontré scientifiquement, l'asthme de l'adulte d'origine alimentaire est rare). L'asthme non maîtrisé étant par essence capricieux et l'asthmatique, aliéné à ces histoires de viciation, un introverti, ce dernier ne manque pas de s'interroger lorsqu'une crise survient : voyons, qu'ai-je mangé pour déjeuner? Salade, viande, fromage? Il exclut ces trois familles d'aliments. Même interrogation après le repas du soir : il ampute encore son régime... jusqu'à finir au café au lait-tisane.

Reconnaissons à Brissaud quelques bons points : il souligne le rôle du psychologique dans l'asthme par l'observation de Morell Mackenzie (1885) : une femme de trente-deux ans imputait son asthme et sa rhinite à l'humidité, au froid, au chaud, au vent, à la bière, au whisky... et aux roses (erreur, nous le verrons). Elle semblait guérie, par des applications endonasales de cocaïne, lorsqu'une rose agitée devant son nez déclencha en cinq minutes un accès de rhinite. Mackenzie lui montra alors que cette rose était artificielle! Elle le quitta, bien décidée à guérir de son coryza, et revint quelques semaines plus tard lui apporter un magnifique bouquet de roses.

Brissaud est pertinent encore, lorsqu'il considère, selon la formule de Sénèque, que le paroxysme de la crise d'asthme réalise une « méditation de la mort ». L'asthmatique mime sa mort à venir, jusqu'au jour où, comme tout être humain, il perdra le souffle. Mais à côté de cette pertinence, que d'imposture !

L'asthme, assimilé au « *Mal divin*, sans doute parce qu'un mal sans remède n'a de raison que la colère de Dieu » ! Masquer ignorance et impuissance thérapeutique derrière la prétendue colère d'un Dieu punisseur ! Le médecin s'innocente en renvoyant à sa « faute » le « patient » (en l'occurrence trop patient !). Car il en fait quoi, l'asthmatique, de ce verdict ? Il culpabilise, ou plutôt, on le culpabilise : c'est de votre faute, tant pis pour vous, vous n'avez qu'à ne pas être névrotique. Comment Proust aurait pu, après avoir lu ce livre, ne pas se percevoir comme un anormal, un coupable auto-puni ?

De Brissaud, Proust nous a laissé deux mini-portraits. « Je suis allé ce jour-là voir notre cher "médecin malgré lui", celui qu'il faut presque battre pour le faire parler médecine, Brissaud, plus beau et plus charmant que jamais. » Une autre fois : « J'ai consulté Brissaud, homme admirable, vaste intelligence et mauvais médecin. » L'a-t-il décrit dans la *Recherche*? Marcel Proust répond lui-même dans une lettre à Francis Jammes : « ... je n'ai pas peint Brissaud, mais je me suis inspiré un peu de lui pour décrire le Docteur du Boulbon. Celui-ci avec une grande éloquence explique à la grand-mère de mon héros qu'elle n'a aucune maladie, il lui dit d'aller se promener, elle part avec son petit-fils aux Champs-Elysées et y est foudroyée par une attaque. » Proust a beau nous donner l'impression d'avoir vu en Brissaud un grand théoricien aussi sympathique qu'incapable, je n'affirmerai pas qu'il ait su se soustraire à son influence.

« Hygiène du dyspeptique »

Un malheur, dit-on, n'arrive jamais seul! La collection paternelle du Pr Adrien Proust publia un autre livre tout aussi délétère pour son fils : l'*Hygiène du dyspeptique*. Après la dissertation sur la légèreté éthérée et spirituelle du Souffle, voilà le tube digestif et sa répugnance. Si le Souffle est coupé, ce ne peut être que la faute du Ventre !

L'auteur de l'*Hygiène du dyspeptique*, le Dr Georges Linossier, professeur de la Faculté de Lyon et « médecin à Vichy », était doué pour la publicité des ventes, car il claironne d'emblée : « Est dyspeptique quiconque éprouve des phénomènes anormaux dans sa digestion. » Après cette affirmation digne du Docteur Knock, sachez-le, tout lecteur est un dyspeptique qui s'ignore ! L'auteur n'a plus qu'à conclure qu'avec cette définition, « — et toute autre définition est inadmissible — le domaine de la dyspepsie est immense ». Très nombreux, continue le Dr Linossier, sont les dyspeptiques, mais plus nombreux encore sont les « dyspeptiques sans le savoir » (oh Molière !) car « l'infériorité pathologique des organes de la digestion » *(sic !)* peut se manifester par une infinité de troubles, particulièrement « certaines dyspnées ».

Marcel Proust a lu et relu ce livre, comme en témoigne sa longue lettre au Dr Linossier, commencée « en croyant qu'elle n'aurait que quelques lignes » et qui fera douze pages, mais qu'il ne posta pas, puisqu'on la trouva dans ses papiers après sa mort. Cette lettre est importante car, à 33 ans, Proust y résume son auto-observation. Préliminaires proustiens habituels : il rappelle que, « dans des jours plus heureux », il lui avait été présenté par son père, lui donnant l'occasion d'exprimer sa très grande admiration.

Il s'autorise de cette admiration pour solliciter son conseil, car il ne connaît pas une pensée « aussi ingénieuse et aussi profonde » que la sienne. Il sait qu'on ne soigne pas par correspondance mais, empêché de le consulter par son mode de vie nocturne, il lui décrit sa situation : « Je suis (au point de vue médical), il paraît, beaucoup de choses différentes, bien qu'à vrai dire on n'ait jamais su très exactement quoi » (on lui a donc dit tout et le contraire de tout).

« Mais je suis surtout et indiscutablement très asthmatique. Asthme de foins d'abord, mon asthme est devenu assez vite un asthme d'été, puis un asthme de presque toute l'année. Et à la suite de repas trop copieux, il s'est compliqué d'un état d'apparence asthmatique mais d'origine, m'a-t-on dit, intestinale et gastrique... » Il ne fait qu'un repas par jour (deux œufs, une aile de poulet rôti, trois croissants, pommes de terre frites, raisin, café, une bouteille de bière). Est-ce suffisant ? Neuf à dix heures après ce repas, il boit au coucher un quart de verre de Vichy (un verre entier ou un aliment lui causerait de l'asthme). Pour ce qui concerne l'estomac « à condition d'avoir le ventre suffisamment maintenu par un caleçon », il n'en souffre pas (hormis la fois où, ayant perdu pour se rendre aux toilettes, l'épingle anglaise qui ferme le caleçon, le ventre n'était plus maintenu).

Après la présentation du malade, voici sa question : lui, Pr Linossier, est-il favorable au conseil qu'on lui a donné de suivre pour modifier ses « mauvaises habitudes de vie », un traitement psychothérapique qui consiste « à isoler le malade, à l'immobiliser, à le suralimenter, à le guérir par persuasion » ? Proust redoute cette suralimentation, craignant d'être « sacrifié a priori à l'idée que tous les troubles gastriques sont d'origine nerveuse ». Suivent des indications sur son état arthritique, ses urines (un demi-litre quotidien), ses selles (plutôt diarrhée et une « cascarine Leprince au dîner par quinzaine »).

Pourquoi cette lettre n'est-elle jamais partie ? Réponse sans risque d'erreur : quel que soit l'avis de Linossier, Proust ne voulait ni séjour en clinique ni psychothérapie. Il voulait alors entendre Linossier parler d'intoxication, et appliquer avec un zèle frénétique son traitement et son régime. Traitement ? Le bicarbonate (Linossier en prescrivait jusqu'à 150 g/jour !) et les purgatifs (pour les fantasmes de « toxiques » et « microbes » envahissant le tube digestif). Régime ? Une diète de plus en plus forcenée, le régime au lait (jusqu'à deux litres quotidiens) « pour combattre la toxi-infection » (le Dr Cottard en fera, dans la *Recherche*, le calembour imbécile, bien connu de ses élèves parce qu'il le leur sert à l'hôpital où il met tous ses malades au régime lacté : « Olé, Olé ; puisque l'Espagne est à la mode ! »).

On peut se demander pourquoi Marcel Proust ne s'est pas appliqué sa remarque relative à la grand-mère de Robert de Flers : « Elle se rendait si malade à se soigner qu'elle aurait peut-être mieux fait de prendre tout simplement le parti si compliqué d'être bien portante. »

« *Hygiène du neurasthénique* »

Le Pr Adrien Proust a consacré à la neurasthénie l'un des quatre livres écrits pour sa collection. Ce concept de neurasthénie (littéralement, fatigue des nerfs), aujourd'hui périmé, évoquait une modification très imprécise de l'humeur, allant d'une simple tendance dépressive à une dépression caractérisée.

A la vue de son portrait, aux grosses joues rondes et rouges, on ne le soupçonne pas de s'être aidé d'une auto-observation ! Connaissant aussi le succès de ses méthodes d'éducation, on se dit encore que son abord des « neurasthéniques » n'était peut-être pas le meilleur. Mais, au fond, a-t-il vu son fils comme un neurasthénique ? Marcel, en lisant le précis paternel, s'est-il perçu comme tel ? On ne saurait l'affirmer, car neurasthénie signifiant tout et rien, on peut évidemment l'imputer à Marcel, lui prêtant une tendance dépressive chronique, dont son travail acharné aurait été l'antidote.

Gardons-nous de faire parler les morts et observons simplement que des neurasthéniques, Adrien Proust déplorait la sensibilité pervertie : tandis que les individus en bonne santé ne perçoivent pas leurs organes « les neurasthéniques sont constamment impressionnés par les sensations internes les plus diverses. [...] le jeu si complexe des états émotionnels [...] » fait « naître en eux des impressions vagues, changeantes, mais pénibles. Leur *cénesthésie** est donc profondément troublée ».

Mécanismes de la neurasthénie : Adrien Proust invoquait les deux idées fixes dont est issue la stratégie nutritionnelle et médicamenteuse pernicieuse de son fils : « auto-intoxication » (l'estomac défaillant favorise les putréfactions alimentaires qui intoxiquent le cerveau) et « viciation » : les troubles digestifs perturbent l'équilibre individuel et favorisent tous les maux. Pour nous indiquer la diversité de ces maux, le Narrateur évoque le baron de Charlus qui, malgré ses efforts pour dissimuler ses manières d'« inverti », les étale autant que les « minets » qu'il courtise, de la même façon que le clinicien voit bien

---

* C'est l'auteur qui souligne.

qu'un agité ou un flegmatique peut souffrir « de la même neurasthénie [...], dévoré des mêmes angoisses et frappé des mêmes tares ».

Après les mécanismes, les causes. Le Pr Proust est formel : une cause prédisposante essentielle de la neurasthénie est l'éducation défectueuse. Reproches ou accusations feutrées contre la mère de Marcel et les éducateurs lycéens ? « Les méthodes d'éducation vicieuse » font naître ou se développer chez les enfants mauvais penchants et travers funestes. « Trop souvent, par l'incurie des parents », l'enfant « est devenu un être capricieux, entêté, sans volonté forte, et sans tenue morale ». « L'*émotivité* excessive est un défaut commun à la plupart des enfants issus de souche névropathique et dont il faut à tout prix entraver le développement. » L'hyperémotivité de Marcel issue de l'éducation — trop laxiste aux yeux de son mari — de Mme Proust ? Adrien Proust conseillait aux parents de maintenir soigneusement leurs enfants « à l'écart de leurs propres émotions » et de ne pas les mêler « de bonne heure à la vie » de leur entourage. Conseil inobservé chez lui.

Pour la période pubertaire, il recommandait de surveiller particulièrement les enfants « prédestinés par leurs tares héréditaires aux impulsions morbides », surtout au moment de l'éveil de l'instinct et des désirs sexuels, car « la plupart d'entre eux s'adonnent aux pratiques de l'onanisme d'une manière abusive », ce qui est la cause de leur épuisement nerveux. Aux parents de « les détourner de tout ce qui peut attirer leur attention sur les fonctions sexuelles ». Dans les collèges hélas, les enfants sont mal surveillés et les parents doivent se résigner à atténuer « un mal qu'on ne peut empêcher » par « une surveillance régulière de tous les instants ».

Voici enfin comment la prophylaxie paternelle de la neurasthénie pouvait convenir à Marcel Proust : « éducation physique » (gymnastique, agrès et course à pied), « éducation morale » (respect moral, habitude de la soumission, crainte des parents), « régime » : exclusion des « vins généreux », vins, liqueurs, bière, cidre, thé et café à petites doses seulement, « hydrothérapie (draps mouillés avec frictions, draps mouillés ruisselant sans frictions, lotions froides, douches froides, bains tempérés, bains tièdes, douches écossaises, etc.) ». La mer est également conseillée mais « il va sans dire que les neurasthéniques qui s'y rendent [...] doivent s'installer loin des villes d'eaux à la mode, se tenir à l'écart de la vie mondaine qu'on y mène, et des mille causes de fatigues ou d'excitation qui s'y trouvent généralement réunies ». Ce n'était évidemment pas le cas de Balbec.

Selon la description d'Adrien Proust, le prototype de la neurasthénie est évidemment la tante Léonie du Narrateur. Comment oublier dès lors, que celui-ci, après s'être beaucoup moqué d'elle, finit par s'identifier à elle dans *La Prisonnière* ?

Après avoir en effet évoqué Albertine prisonnière, il prend conscience qu'il est lui-même prisonnier de ses manies, de ses habitudes alimentaires, de ses médicaments et finalement de son enfermement. Si bien qu'une pensée s'impose à lui : il fonctionne comme ses parents et ressemble « avec exagération » à son père, puisque non seulement il consulte comme lui le baromètre, mais il est devenu un baromètre vivant. Je ressemble surtout, note-t-il, à « ma tante Léonie, toute confite en dévotion et avec qui j'aurais bien juré que je n'avais pas un seul point commun, moi si passionné de plaisirs, tout différent en apparence de cette maniaque qui n'en avait jamais connu aucun, et disait son chapelet toute la journée... » Et, observe le Narrateur, bien que trouvant chaque jour dans un malaise particulier une justification nouvelle à rester au lit, ce qui me faisait si souvent rester couché, c'était « non pas Albertine, non pas un être que j'aimais, mais un être plus puissant sur moi qu'un être aimé, c'était, transmigré en moi [...] ma tante Léonie ».

Ce verbe « transmigrer », devenu aujourd'hui inusité, est un terme religieux, qui signifie littéralement passer d'un corps dans un autre. Le

Narrateur a donc fini par devenir sa tante Léonie, puisqu'il passe son temps à observer le temps, sans bouger non seulement de sa chambre, mais même de son lit.

En résumé, c'est la toxicité conjuguée de Brissaud, Linossier et indirectement, de son père, qui a mis Proust sur le chemin de la cachexie. Lui, il a fait le reste, son Narrateur nous explique comment « pris dans l'engrenage de leurs malaises et de leurs manies, les efforts dans lesquels ils (les neurasthéniques) se débattent inutilement pour en sortir, ne font qu'assurer le fonctionnement et faire jouer le déclic de leur diététique étrange, inéluctable et funeste ».

Un constat final : l'hygiène, c'était Adrien Proust, un brave homme qui en faisait une bible de bonne foi et bons sentiments, mais ne la pratiquait pas, obèse et sédentaire, ignorant le sport qu'il préconisait. Ses livres ont induit son fils en anti-hygiène. Marcel eut du génie et pas d'hygiène : ce n'est pas une relation de cause à effet

« *Les psychonévroses*
et leur traitement moral »

Un peu plus tard (autour de 1905), Proust a encore lu *Les Psychonévroses et leur traitement moral*, un livre du Dr Dubois, professeur de neuropathologie. Ce monument de 560 pages, qui réunit des notions philosophiques, métaphysiques, morales, religieuses, neurologiques, psychiatriques et... médicales, se proposait la gageure de scruter la psychopathologie humaine en cinquante-trois leçons, données à l'Université de Berne. L'œuvre de Dubois était assez célèbre : *De l'influence de l'esprit sur le corps* en était à sa huitième édition et l'*Education de soi-même*, à la deuxième. Les *Psychonévroses* connurent le même succès : plusieurs éditions furent publiées et, traduites en allemand et en anglais, vendues jusque dans les grandes villes des Etats-Unis.

Bien que voyageant beaucoup en Europe, le

Pr Dubois n'a pas entendu parler de Freud — en tous cas, il ne le cite pas. Délai de temps trop faible, probablement, entre la publication de son livre et les premiers écrits de Freud (en allemand!).

L'entreprise de Dubois n'en était pas moins respectable, car novatrice. Il tentait de mettre en ordre des notions jusqu'alors très floues, et proposait surtout d'inclure la psychothérapie dans le traitement des maladies. Malgré les travaux de Charcot, Pinel, Janet et Esquirol, on persistait en effet à ne traiter les « névroses » que par des moyens physiques. Et Dubois déplorait déjà que la psychologie ne soit pas davantage enseignée dans les écoles de médecine (prêche dans le désert pour un appel demeuré souvent inouï quatre-vingt-dix ans après).

La pensée d'aller consulter le Pr Dubois (qui avait guéri son ami, Fernand Gregh) lui a « traversé l'esprit plusieurs fois » quand l'asthme l'accablait, écrit Proust à sa mère, mais il n'y est jamais allé. Il s'est limité à lire son livre, ce qui a davantage embrouillé que clarifié sa compréhension de son état physique et mental, et l'a incité à « psychologiser » beaucoup sur lui et les autres. Dubois y développe en effet, de nombreuses formules discutables (« orthopédie morale », « origine idéogène et somatogène des états d'âme », « changer l'état d'âme par la psychothérapie rationnelle », « influence des représentations mentales sur l'intestin », « *Psychopathia sexualis* ») et amalgame de concepts fort différents : hystérie, hypocondrie, neurasthénie et... névrose !

Voyons le dictionnaire Robert :

> NÉVROSE : *Psychiatr.* Affection caractérisée par des troubles affectifs et émotionnels (angoisse, phobies, obsessions, asthénie), dont le malade est conscient mais ne peut se débarrasser, et qui n'altèrent pas l'intégrité de ses fonctions mentales.

Etait-il souhaitable d'alarmer ces névrotiques ?

Le Pr Déjerine, de l'hôpital de la Salpêtrière, a conclu sa préface du livre d'une citation de Montaigne finalement cruelle : « cecy est un livre de bonne foy ». Et on ne peut pas dire que la conclusion de Dubois : « Faites-le claquer au vent, ce drapeau où brille la devise : "Maîtrise de soi-même", et vos malades marcheront ! » soit de style freudien !

Proust était heureusement plus intelligent que Dubois pour élaborer ses propres concepts, mais on ne saurait nier, dans son œuvre autant que sa correspondance, beaucoup de traces d'un Dubois mal digéré.

Après avoir scruté, dans l'itinéraire de Proust, le rôle des médecins, examinons celui de leurs remèdes.

Stramoniomanie

A ses innombrables médicaments (caféine, adrénaline, kola, aspirine, théobromine, vixol, aconit, bicarbonate, phosphate de soude, sirop d'éther, héroïne, somnifères, barbituriques, laxatifs, etc.), souvent associés et parfois en overdoses, Proust a ajouté régulièrement le « fûmage », pluriquotidien, de poudre anti-asthmatique.

Avant qu'elles ne disparaissent du commerce, j'avais mis de côté des échantillons de ces poudres et cigarettes. Dans une vitrine, elles participent à mon mini-musée proustien, avec un paquet de « madeleines maison, de Christian Védié pâtissier-confiseur à Illiers-Combray », et un flacon de parfum *Esprit de Catleya* Isabel Martin, Paris, un « esprit » si spirituel qu'après s'être échappé du flacon une seule fois ouvert, il a définitivement imprégné les volumes de ma bibliothèque proustienne !

A une époque où il était inconcevable que des enfants puissent fumer du tabac, les cigarettes Louis Legras, Espic, Schulzé, Fumantergyl, achetées en pharmacie, furent pour beaucoup de jeunes non asthmatiques le moyen de faire de la fumée comme les grands (sans plaisir car elles nous faisaient tousser bronches et poumons). « Allumer la cigarette, conseille la notice, fumer en avalant la fumée et, pour les enfants, leur projeter au visage quelques bouffées de fumée, l'enfant respirant normalement. » Plus récemment, d'autres ont utilisé ces cigarettes en infusions, ce qui a mis fin à la vente des cigarettes et à la vie de quelques infuseurs.

Proust a rapidement abandonné ces cigarettes parce que, selon Céleste, l'odeur du papier brûlé l'incommodait (nous allons voir la vraie raison), pour passer aux fumigations de poudres, qu'il appelait « fûmages », « la seule chose qui m'ait jamais vraiment soulagé ». Précisons aussitôt que, sans être des placebos, ces poudres étaient de médiocres anti-asthmatiques par rapport aux médicaments actuels, leur action transitoire sur le spasme des bronches ne traitant pas l'inflammation, dont on sait aujourd'hui la responsabilité majeure.

Dans ma vitrine, j'ai tout un alignement de ces

boîtes de poudres : la ronde et jaune de l'*Anti-asthme bengalais*, la vieillotte, rose et verte, cartonnée de la *Poudre escouflaïre N° 1*, garanties marque déposée : *A la lyre* (plumage d'un paon étalé) ou *Au Cerf couché*. La préférée de Marcel Proust, celle que Céleste commandait par nombreuses cartouches de dix paquets chacune, était la Louis Legras, « fumigation pectorale anti-asthmatique », boîte verte aux volutes de fumée blanche.

Proust commençait le rite des fûmages dès son réveil (c'est-à-dire l'après-midi), avant même le café, dans le petit couloir reliant sa chambre au cabinet de toilette : la salle des fûmages. Il s'asseyait à une petite table éclairée d'une bougie (achetées par cartons de cinq kilos), toujours allumée pour enflammer la poudre avec de petits carrés de papier. Emergeant, après le fûmage, de l'obscurité de son couloir, il apparaissait à Céleste avec la pâleur lunaire de son visage, les pupilles de ses yeux rougis dilatées, les vêtements imprégnés de l'odeur de la fumée et parfois brûlés à l'emporte-pièce par de petites mottes de poudre enflammée.

Que contenait sa poudre ? Des extraits de belladone (qui, dilatant la pupille des femmes, les faisait « bella donna »), de jusquiame, et puis du datura, la fameuse stramoine. Qu'elles soient blanches, dorées ou sanguines, les corolles fascinantes des fleurs du datura, les fameuses trompettes des anges, sont aussi belles que sont toxiques ses fruits, qui l'ont fait dénommer par les uns « l'arbre de paradis » et par d'autres « l'herbe du diable ou des sorciers ».

L'espèce a une longue histoire et de lourds antécédents. L'examen de céramiques préhistoriques témoigne que l'usage médicinal et rituel du datura était commun dès 3 000 ans avant Jésus-Christ, chez les aborigènes d'une région d'Amérique étendue du sud-ouest des Etats-Unis au Mexique et au Guatemala. On ne peut faire ici un long rappel d'ethnopharmacologie, mais il faut savoir que le recours aux effets hallucinogènes du datura était une constante essentielle de cette civilisation, que l'envahisseur espagnol s'est limité à canaliser sans pouvoir l'éradiquer. A Delphes, l'intensité dramatique des prédictions d'Apollon était proportionnelle à la dose de datura absorbée par la pythie avant de rendre ses oracles. Au Pérou, la prêtresse du Temple du Soleil « se chauffait » au datura. Les sorcières se rendant au sabbat à cheval sur leur balai volant étaient de mauvaises femmes hallucinées par le datura. Le roi du Danemark, si l'on en croit ce que dit son fantôme à Hamlet, serait mort empoisonné par le datura versé dans l'oreille pendant son sommeil. Quand les soldats français de la garnison de Hanoï se mirent à grimper aux arbres pour échapper à des tigres imaginaires, ou à crier « au secours » contre des invasions de fourmis, c'était à cause du datura dont les indigènes avaient additionné leur repas. Quand les membres de la mission Flatters périrent au Sahara, ce fut après avoir mangé des dattes pimentées de datura, et c'est par cette herbe du diable enfin, que Pierre Benoit expliqua dans son *Atlantide* l'abandon en plein désert du lieutenant Ferrières.

Seul, Paul Eluard a osé rendre hommage à la plante de l'enfer :

> *« Datura, roi honteux d'avoir*
> *régné sans dire son nom. »*

A la Recherche du temps perdu doit-il quelque chose au datura?

Pour tester son effet, j'ai fait ma séance de fûmage dans les conditions du rite proustien. Obscurité, solitude silencieuse, utilisation de la poudre, selon la notice :

> « Disposer dans un cendrier ou une soucoupe, la valeur d'un dé à coudre, en faire un petit tas bien conique, enflammer son sommet avec une allumette et respirer la fumée les yeux clos en la maintenant aussi longtemps que possible dans les bronches. »

Dans ma soucoupe, les miettes de poudre

Legras se sont amoncelées en un petit volcan couleur caca d'oie, à l'odeur étrange d'herbe exotique. Sitôt après y avoir mis le feu, la fumée, d'abord condensée en une auréole jaunâtre immobilisée à la surface de la soucoupe, s'est élevée en graciles volutes. La combustion a progressé lentement et sans flamme vers le bas du volcan, marquant son cheminement irrégulier en petits îlots par le crépitement d'étincelles rouges, comme se propage un feu de chaume après la moisson. Le feu a cessé plusieurs fois sa progression, traçant sur la colline une démarcation irrégulière entre le noir et l'imbrûlé et j'ai dû le rallumer. A la dose préconisée par la notice, mon fûmage a duré un petit quart d'heure et l'odeur fade de la fumée imprégnant légèrement l'atmosphère m'a davantage écœuré que grisé. J'ai fait « fûmer » divers asthmatiques à la dose indiquée : rien.

Pourquoi dès lors, Céleste a-t-elle précisé que les fûmages de Proust duraient des heures (jusqu'à six ou huit), qu'il lui arrivait même « d'aller jusqu'à [me] demander de lui tendre une autre boîte ; alors la chambre était pleine d'une fumée à couper au couteau », comparable à celle qu'elle avait vue dans les mines d'Auxillac ? Pourquoi a-t-elle spécifié : je faisais les préparatifs mais il tenait à se verser la poudre lui-même « pour la doser à sa volonté » ? Et pourquoi enfin, Proust ouvrait-il à chaque fûmage une boîte nouvelle? Par crainte qu'elle ne s'empoussière, a dit Céleste. Dans son sachet de papier inséré dans une boîte de carton, la poudre ne risquait pas la poussière. La réponse est donc claire : Proust multipliait par vingt-cinq la dose prescrite. Avec une boîte, il inhalait d'un coup la fumée de 20 grammes d'extraits de feuilles et 0,75 gramme de fruits, soit 135 mg d'alcaloïdes. Les toxicologues sont formels : à cette dose, on n'échappe pas aux effets toxiques.

Et s'il fumait de la Legras, c'est peut-être parce qu'elle était la plus concentrée en datura (40 %), ce que n'ignoraient pas les toxicomanes puisqu'avant qu'elles ne soient retirées du marché, 98 % d'entre eux consommaient des Louis Legras.

En écrivant cela, j'ai l'air de dénoncer Proust comme un toxicomane, ou d'insinuer qu'il a écrit la *Recherche* au datura, ce qui n'est pas ma pensée. Mais il faut savoir qu'en septembre 1992, le ministère de la Santé a retiré du commerce cigarettes et poudres anti-asthmatiques, parce que les drogués les utilisaient de plus en plus en infusions hallucinogènes. Et que constataient les médecins des SAMU accueillant les intoxiqués? Une excitation intellectuelle allant jusqu'aux hallucinations sensorielles. Une désorientation, dans le temps et l'espace, de l'euphorie ou plutôt des accès anxio-dépressifs, la dilatation des pupilles (mydriase) troublant la vue, de la tachycardie et une impotence musculaire avec vertiges pouvant aller jusqu'à l'ataxie. Tous ces symptômes, on les retrouve quasiment à chaque page de la *Correspondance* de Proust, où il indique lui-même ses « accidents d'intoxication dus à mes poudres ». Ses grands yeux assyriens aux pupilles dilatées, sa vue trouble, ses difficultés à la marche, sa « mémoire fatiguée par les stupéfiants », son extrême sensorialité enfin, ne serait-ce pas le datura ? Et la scène rapportée par Céleste où il eut cette hallucination d'une monstrueuse femme en noir ?

Il serait abusif de faire du datura l'accusé unique : j'ai souligné (*Le Souffle coupé*), ainsi que Dominique Mabin (*Le Sommeil de Marcel Proust*), le rôle des mélanges et abus de drogues dans la vie de Proust. Mais il a placé le datura en tête des espèces florales du « jardin réservé », qui demeurent closes jusqu'à ce qu'un jardinier vienne les épanouir pour en extraire des variétés de sommeil. Proust était trop informé pour ignorer que la plupart des espèces qu'il y évoque n'étaient pas somnifères. Mais on voit bien où il a voulu en venir : certaines fleurs procurent des rêves délicieux, et d'autres, des cauchemars. Les toxicologues confirment : si le datura n'est plus une drogue recherchée, c'est parce que ses hallucinations sont plus terrifiantes que jubilatoires. Proust a peut-être préféré les enfers aux paradis artificiels.

Le datura demeure à l'ordre du jour, car ses fruits sont souvent mêlés à l'alimentation animale. A doses répétées, il fait perdre du poids et de la mémoire. Proust s'en est souvent plaint... et de là à penser que la *Recherche* serait un gigantesque combat pour retrouver le temps... voilà un pas que je ne franchirai pas.

Si Proust a abusé du datura, c'est, encore une fois « la faute à » Brissaud. Avant d'en finir avec l'*Hygiène des asthmatiques*, son dernier chapitre (« Morphinomanie, cocaïnomanie, stramoniomanie ») les mettait en garde contre la toxicomanie des médicaments anti-asthmatiques. Voyons le détail : « L'asthmatique, en sa qualité de névropathe, est essentiellement morphinisable. Il souffre, il est anxieux, il ne dort pas, il a droit à la morphine, il en use, il en abuse... Beaucoup d'asthmatiques deviennent donc morphinomanes » (apparemment, peu de morphine ou d'héroïne chez Proust). Il en va de même de la cocaïnomanie, contractée après les instillations intranasales de solution de cocaïne.

Mais Brissaud mettait surtout en garde contre des accidents trop méconnus, des troubles nerveux « très alarmants », dont souffrent beaucoup d'asthmatiques parce qu'ils « s'adonnent avec excès aux préparations de Datura ».

Stramoniomanie! Vilain mot, malsonnant, la manie de la stramoine. Acquise comment? « Le bienfait qu'éprouvent les asthmatiques de l'emploi du Datura, explique Brissaud, les invite à augmenter progressivement les doses, il en résulte un besoin morbide, aussi impérieux que la faim ou la soif, dont résulte un ensemble de troubles sensitivo-sensoriels. » L'asthme, dont les médicaments ont atténué les symptômes, n'a fait que s'endormir « et dès son réveil, le patient sentant le retour de la crise, n'hésite pas à recourir au moyen qui lui a si bien réussi. Il accumule ainsi les doses et, comme l'accoutumance émousse sa sensibilité à l'égard de la substance toxique, il risque d'arriver bien vite à l'habitude pernicieuse qui confine au vice et dont il sera l'esclave et la victime ».

Autant pour la cachexie que la stramoniomanie, on peut évidemment se demander si la lecture de Brissaud a conditionné Proust, ou si l'asthme ne lui laissait aucune autre issue, ce dont je doute. A lire ce que disait Brissaud de la stramoniomanie, on ne peut pas ne pas penser au rite proustien des fûmages : « Les poudres de Datura sont vendues dans des boîtes renfermant la mesure de la quantité à employer pour chaque fumigation. D'abord, le malade ajoute un petit supplément à la mesure, puis il la double, et puis finalement il ne compte plus... Des monceaux de poudre brûlent sur des assiettes : la pièce est tout enfumée et imprégnée de l'odeur caractéristique. Règle générale, lorsqu'il en est arrivé à consommer le Datura en de telles proportions, l'asthmatique déclare que cela ne lui fait plus de bien, qu'il est tout aussi essoufflé mais qu'il ne peut plus s'en passer. La stramoniomanie est acquise. Un jour vient où l'accès de dyspnée se complique d'accidents étranges, et qu'on attribue à l'asthme lui-même. Le malade est pris d'hallucinations subites et de courte durée. La stramoine, précise Brissaud, l'emporte sur toutes autres causes pour susciter des hallucinations visuelles. Cette propriété, connue de tous temps, est d'autant plus prononcée qu'elle est absorbée à doses plus massives; tel est le cas des asthmatiques qui, penchés au-dessus de leur monceau de poudre, en hument la fumée à pleines narines et à pleine bouche. A son effet anti-spasmodique, la stramoine ajoute donc son effet stupéfiant (très voisin de celui de l'opium et du chanvre indien), jouissance qui s'impose et habitude de bien-être relatif à laquelle le patient croit ne pouvoir plus se soustraire. »

Aujourd'hui, les médicaments anti-asthmatiques ne sont plus stupéfiants que d'efficacité thérapeutique. Ils ont bien changé, et changé la vie des millions d'asthmatiques qui se soignent sérieusement. Mais leur principe est identique : inhaler le remède, l'apporter sur la plaie des bronches enflammées dont il faut éteindre le feu, et surtout visualiser, matérialiser cet air qui manque tant à l'asthmatique, et qui le voit pénétrer en lui, exactement comme Proust qui, inhalant la fumée Legras, en voyait monter vers lui les volutes sereines.

L'asthmatique d'aujourd'hui ressemble donc étrangement à Marcel Proust, et les médecins d'aujourd'hui sont toujours aussi mécontents de certains asthmatiques. Inobservance thérapeutique : ils ne respectent pas les prescriptions, se soignent quand ça va mal (trop tard), vagabondent d'un médicament à l'autre (du meilleur à la roupie de sansonnet), et pour certains, du médecin au charlatan. Le seul médicament qu'on n'ait pas à leur interdire ou recommander, est le bronchodilatateur inhalé, que vous apercevez toujours dans le sac à main des dames, ou saillant dans la poche des hommes. Aussi « accros » que Proust à son datura. Et comme Proust à ses fûmages, l'asthmatique s'isole pour son rite, qui lui délivre de la main portée à la bouche une dose de Souffle.

Proust s'est enfoncé en stramoniomanie à cause de l'asthme. Mais comment était-il entré en asthme?

Après les médecins et leurs remèdes, la maladie.

POURQUOI L'ASTHME?

Le médecin de cette fin de xxᵉ siècle n'éprouve
aucune difficulté à répondre : sur un terrain prédisposé (héréditaire), Marcel Proust s'est sensibilisé à divers allergènes (pollens, poussière de
maison, moisissures) contre lesquels il a sécrété
des anticorps. La sensibilisation acquise, les allergènes ont spasmé et enflammé ses bronches,
après un choc émotionnel assez violent pour
déclencher à 11 ans sa première crise d'asthme.

Voici le contexte d'une telle crise, décrit par
son Narrateur (*A l'ombre des jeunes filles en
fleurs*). Cela commence dans les jardins des
Champs-Elysées, où sa mère le laisse aller jouer,
alors que ce jardin réputé insalubre « dans certaines familles » ne réussit pas aux enfants, qui y
attrapent régulièrement fièvre, bronchite et maux
de gorge. Ces Champs-Elysées, précise le Narrateur, ont donc la mauvaise réputation de certains

médecins, qui ont trop fait d'erreurs de diagnostic pour qu'on leur fasse encore confiance, et les amies de sa mère déplorent son aveuglement à l'y laisser aller quand même.

Gilberte Swann a emmené le Narrateur « à l'écart derrière un massif de lauriers » pour lui expliquer, assis « chacun sur une chaise », que son père n'a tenu aucun compte de la lettre destinée à lui affirmer la noblesse de ses sentiments envers sa fille. Ses parents ne le « gobent pas ». Françoise, la bonne, vient interrompre le Narrateur dans cette conversation qui lui tient tant à cœur, pour une démarche essentielle : elle veut se faire accompagner en ce lieu que, par « anglomanie mal informée », on dénomme les water-closets.

Le Narrateur entre donc dans le « petit pavillon treillissé de vert » et y éprouve aussitôt la sensation d'une « émanation vieillotte de fraîcheur », sensation de plaisir, indéfinissable et inexplicable dans l'instant. Tout entier absorbé par l'exégèse de ce plaisir, il est à nouveau dérangé par Madame Pipi (dont Françoise affirme qu'elle est marquise apparentée aux Saint-Ferréol), qui insiste pour qu'il utilise gratuitement l'un de ses cabinets (garanti très propre).

Quand il peut enfin retourner vers Gilberte, qu'il retrouve toujours assise sur sa chaise, c'est pour s'entendre dire que toute explication verbale avec son père serait aussi infructueuse que sa lettre. D'ailleurs, il n'a qu'à la reprendre. Mais Gilberte, « renversée sur sa chaise », ne lui tend pas la lettre et le Narrateur, pris d'une idée subite (justifiant les réserves de Monsieur Swann), l'invite à jouer à l'empêcher de l'attraper, pour voir « qui sera le plus fort ». Gilberte cache aussitôt la lettre dans son dos, il lui passe les mains derrière le cou, l'attire vers lui, elle résiste, rougit, rit aux éclats comme une chatouillée, pendant qu'il la tient serrée entre ses jambes « comme un arbuste » après lequel il voudrait grimper. Et, « au milieu de la gymnastique », explique le Narrateur, « je répandis, comme quelques gouttes de sueur arrachées par l'effort, mon plaisir... »

Cette « scène de lutte qui aboutira au plaisir imprévu, solitaire et honteux du héros », souligne Pierre-Louis Rey, est la seule (avec le baiser d'Albertine) dans l'œuvre de Proust à présenter un tel état de « communion amoureuse » (intéressant si l'on se souvient que Marie de Bernadaky, son amour d'enfance, pourrait être un peu de Gilberte), un émoi érotique qui a permis au Narrateur de faire coïncider la Gilberte « rêvée » et « celle de tous les jours ».

Après que cette coquine de Gilberte lui a proposé de « lutter encore un peu », le Narrateur prend enfin conscience, en rentrant chez lui, que la « félicité » éprouvée dans l'humidité de la pissotière procédait d'une réminiscence de la même humidité dans la chambre de l'oncle Adolphe à Combray, où il aimait lui rendre visite.

Proust indique ensuite que le Narrateur, de retour chez lui, est bien obligé de se reconnaître malade : 40° de fièvre et... crise d'asthme.

Je ne sais si les jardins des Champs-Elysées méritaient la réputation d'insalubrité que leur fait le Narrateur. Mais aux yeux de l'allergologue, cette crise d'asthme, survenant après l'atmosphère humide et froide du pavillon des water-closets, évoque son déclenchement par une allergie aux moisissures, favorisée par au moins trois facteurs consécutifs : contrariété issue de la faillite narcissique de son image auprès de Monsieur Swann, réminiscence d'une sensibilisation infantile à l'humidité et enfin, scène amoureuse trouble et troublée avec Gilberte. Proust savait donc qu'une crise d'asthme pouvait manifester une émotion violente autant, nous le verrons, qu'une crise de jalousie.

A l'interrogation : « Pourquoi l'asthme de Proust ? », commençons par la première partie de la réponse : parce qu'il était un allergique sensibilisé.

L'allergique est un hypersensible

Revenons à la lettre du Dr Marc Rivière, du 25 octobre 1922. Marcel Proust a su ce qu'il voulait savoir sur le pneumocoque. Mais, un renseignement de plus n'étant jamais inutile, il a profité de sa lettre au frère de Jacques Rivière pour revenir sur un sujet qui lui tenait à cœur, autant parce qu'il répond à ses problèmes de santé, qu'à sa boulimie de savoir. Il a voulu comprendre le mécanisme d'un phénomène scientifique décrit depuis peu de temps : l'allergie. Son allergie.

A l'époque, on n'en était encore qu'à la notion d'anaphylaxie, mécanisme fondateur de l'allergie. Voici l'explication du Dr Rivière :

> Le terme « anaphylaxie » est [...] d'usage courant. C'est sans doute le mot dont vous cherchez la signification ; la voici :
> Certains organismes, sensibilisés par une première infection ou intoxication même très

légère, sont susceptibles de présenter des phénomènes plus ou moins impressionnants, si la même cause d'infection ou d'intoxication vient les frapper de nouveau. C'est en quelque sorte le phénomène inverse de la vaccination ou, si vous voulez, de la mithridatisation des anciens. Cette notion, très nouvelle, joue en pathologie un rôle considérable. Beaucoup de maladies sont rattachées à l'anaphylaxie, l'asthme entre autres...

Le Dr Rivière impute la sensibilisation à l'infection ou l'intoxication, parce qu'il ignore encore les allergènes. Il a pu angoisser Proust en précisant à propos de l'asthme : « On admet que l'organisme sensibilisé soit par l'inhalation de poussières, dont la qualité peut varier pour chaque individu, soit par l'ingestion de certains aliments, également variables pour chaque malade, réagit par une crise d'asthme, chaque fois que le malade inhale (même à dose infime) des poussières de même nature, ou ingère des aliments de même qualité. » Quand on se souvient de la phobie de Proust pour la poussière ou certains aliments, on imagine les effets de l'explication Rivière.

Proust en savait déjà beaucoup sur l'allergie puisqu'il en avait utilisé la métaphore dans *Sodome et Gomorrhe II* pour évoquer les variations de l'amitié : « Les défauts d'une simple connaissance, et même d'un ami, écrivait-il à propos de l'ambassadrice de Turquie, sont pour nous de vrais poisons, contre lesquels nous sommes heureusement "mithridatés". Mais, sans apporter le moindre appareil de comparaison scientifique et parler d'anaphylaxie, disons qu'au sein de nos relations amicales ou purement mondaines, il y a une hostilité momentanément guérie, mais récurrente par accès. »

Il n'est pas étonnant que, curieux de tout, il ait retenu l'histoire de l'anaphylaxie, entendue en famille après sa découverte quelques années plus tôt (1902), par les Français Richet et Portier, qui leur valut le prix Nobel de médecine. En voulant protéger expérimentalement le chien Neptune contre le venin d'actinies de mer, ces deux chercheurs le virent tomber raide mort après une seconde injection du venin auquel ils avaient cru le désensibiliser et dénommèrent le phénomène « ana-phylaxie » (le contraire de la protection). La première injection de venin avait tout simplement sensibilisé le chien (sécrétion d'anticorps) et le rappel provoqua le choc mortel. L'anticorps responsable, IgE (immunoglobuline E) ne sera découvert que soixante-six ans plus tard, mais on avait découvert « l'allergie ». Proust avait profondément compris le mécanisme de cette anaphylaxie, puisque la métaphore qu'il en retire est pertinente, et ce qui me fascine toujours chez lui, c'est son extraordinaire aptitude à percevoir la symétrie du biologique et du psychologique. L'anaphylaxie qui, à chaque nouveau contact allergénique, réactive les troubles de la personne sensibilisée, lui fait penser au retour des difficultés de l'amitié — qui semblaient oubliées — avec le retour de l'amie. C'est le versant psychologique de la métaphore qui l'intéressait, mais admirons sa prescience, puisqu'on connaît aujourd'hui la biologie de cette mémoire tenace, qui s'obstine à reproduire le passé en répétant les symptômes de l'allergique : ce sont des clones de lymphocytes à mémoire, qui se remémorent le passé avec une exactitude et une précision encore plus fidèles que le Narrateur de la *Recherche*.

Similitude des mécanismes :

La mémoire biologique (immunologique) fonctionne en trois temps : 1. premier contact (sensibilisant); 2. mémorisation silencieuse; 3. réaction de reconnaissance (clinique et biologique) au second contact.

La mémoire affective (sensorielle) se développe elle aussi en trois temps : 1. premier contact (sensation); 2. mémorisation silencieuse; 3. réaction de réminiscence au second contact.

Divergence des effets :

La mémoire biologique, coupant le souffle par ses crises, rappelle l'agressivité du dehors, la rupture entre ce dehors et lui, la mort sans cesse menaçante.

La mémoire affective, c'est le dehors miraculeusement recréé en dedans, sous une forme inoffensive et lumineuse.

L'allergique, hypersensible, conjugue plus que tout autre ces deux mémoires. Ses organes (bronches, nez, peau, œil), ses tissus, et même ses cellules, constamment en alerte, ont des seuils de réceptivité et réactivité plus aigus que les non-allergiques. Il est hyperréactif, chatouilleux, et les médecins le dénomment sentinelle, ou indicateur, parce qu'il pressent tout avant les autres, le pic de pollution ou le chat que nul n'a vu et entendu entrer dans la pièce.

Proust n'a pas le monopole des réminiscences involontaires, mais on lui en reconnaît la spécialité. Que cette exacerbation sensorielle procède ou non du datura, l'un des traits qui a le plus impressionné Céleste, c'est « cette sensibilité aiguë qu'il avait, et qui était liée à sa maladie ». Prescience de l'artiste, qui sait avant les autres, voit l'invisible, entend l'inaudible, déchiffre l'énigme, et qui, mû par ses intuitions mystérieuses, décrit des images, peint des figures, sculpte des formes, que les scientifiques, des années plus tard, identifieront sous leur microscope électronique, ou organiseront en séquençant leurs molécules.

Le Narrateur s'intéresse à l'allergie parce qu'elle intéresse douloureusement son nez et ses bronches, mais pas comme il l'a cru. Contrairement à ce qui est écrit et répété partout, Marcel Proust n'était pas allergique aux roses, aubépines ou églantiers. Il faudra s'y faire : asthmatique, oui, allergique, oui, mais pas aux roses. Tout simplement parce qu'on sait aujourd'hui que cette allergie n'existe pas.

Le malentendu datait de 1565, depuis qu'un médecin français né à Pavie, Leonardo Botal, présentait dans ses *Opera Omnia* l'acte de naissance du catarrhe des roses : les odeurs agréables, écrivait-il, ont des vertus curatives pour les maladies du cœur, du cerveau et du foie. Stimuler l'un des cinq sens stimule l'être tout entier, et les odeurs agréables qui chassent les malaises apaisent l'esprit lui-même. Pourtant, des odeurs favorables à beaucoup sont défavorables à un seul. Je connais des hommes en bonne santé qui réagissent à l'odeur des roses par des éternuements, des maux de tête et un tel prurit nasal qu'ils ne peuvent s'empêcher de se gratter le nez deux jours durant.

Après Botal, tout le monde s'est mis à renifler l'allergie aux roses. Jean Rhodius, de Padoue, affirma que flairer les roses faisait saigner du nez. James Augustin Hunerwolff confirma que le « *catarrho ad nares* » (le catarrhe du nez) procédait bien de l'odeur des roses (« *ex rosarum odore* »). Nicolas Binninger, de Montbéliard, rapporta (*Observationum et Curationum Medicinalium*) que la matrone Ursula Falcisin (de santé floride), épouse d'un illustre professeur de la Faculté de Bâle, était enrhumée plusieurs semaines pendant la saison des roses. A Genève, Constant de Rebecque déclara souffrir depuis l'enfance du « *coryza a rosarum odore* » et argumentait avant l'heure la fantasmatique de Proust, puisqu'il accusait ces fleurs d'émettre des particules s'introduisant « dans le nez et, au moyen de petites pointes, y faire des trous invisibles ». Je ne sais si Proust imaginait ainsi ses agresseurs polliniques, dont la microscopie électronique a montré que la coque était effectivement hérissée de spicules. Pourtant ce n'est pas la coque végétale du grain de pollen, résistante aux siècles autant qu'à des dizaines de Tchernobyl, qui est allergisante, mais son contenu, la protéine fécondante.

Au XVIIe siècle donc, la rose était dangereuse et le cardinal romain Olivieri Carafa la redoutait au point de faire poster des gardes à l'entrée de son palais pour en interdire l'accès aux visiteurs qui auraient eu l'aimable pensée d'arriver jusqu'à lui avec un bouquet de roses.

Aujourd'hui, où le diagnostic allergologique est devenu scientifique, je n'ai jamais pu confirmer la moindre observation de « rhume des roses ». J'ai interrogé une dizaine de mes éminents collègues; résultat de trois cents ans de consultations allergologiques cumulées : une seule observation d'allergie au pollen de roses, chez une horticultrice qui le manipulait pour hybridation. J'ai fait un « Medline », système qui interroge toutes les revues référencées de la littérature médicale mondiale, de 1966 à 1994 : aucun cas d'allergie aux roses. Des observations d'asthme, rhinite et urticaire chez les ouvriers qui manipulent le cynorhodon (fruit de l'églantier plus familièrement dénommé « gratte-cul ») pour en extraire de la vitamine C, mais la rose elle-même : rien.

Dans les parcs et jardins fleuris de roses et centaines d'espèces végétales, mes fins limiers de confrères étaient donc tombés en arrêt sur les roses, pour les déclarer coupables sans avoir pris la peine de les mettre en examen... car il n'y avait pas d'examen! Ils auraient dû écouter davantage le plus perspicace d'entre eux, Samuel Ledel, qui notait dès 1683 : « l'odeur des roses est dangereuse à la vue » ! Si donc la rose fut accusée un siècle durant, elle le dut à l'éclat de sa beauté qui, dans un ensemble végétal aux nombreuses essences, lui donnait la primeur. Le mythe de la beauté dangereuse, la reine des fleurs blessant ses amoureux, voilà une image symbolique commune, que nous avons vue avec le datura.

Il aura fallu attendre le microscope identifiant les grains de pollens, attendre des fermiers anglais rapportant leur « fièvre d'été » (dénommée plus tard fièvre des foins, *hay-fever*) et enfin Charles Harrison Blackley, captant les pollens avec son cerf-volant, pour établir le lien entre des pollens atmosphériques et l'inflammation du nez et des bronches des allergiques.

On comprend aujourd'hui pourquoi l'allergie aux roses n'était qu'un fantasme.

Parmi les pollens allergisants, les plus nombreux (millions de grains par m^3 d'air inhalé), responsables de 95 % des allergies, sont ceux que le vent transporte, en grandes quantités et sur de grandes distances (le sirocco, du Sahara en France), et qui retombent en véritables pluies polliniques sur les nez et les yeux, dans l'indifférence des non-allergiques, et pour le calvaire des pauvres allergiques. Ces pollens anémophiles sont les plus redoutables, parce que notre air ambiant en contient quasiment toute l'année, depuis le mois de janvier avec les cupressacées (cyprès) qui ouvrent le bal, jusqu'aux urticacées (pariétaire) qui le ferment au mois d'octobre, le point d'orgue étant le printemps et son rhume des foins des graminées. Celles-ci prolifèrent sur les friches de déforestage et d'inculture, et leurs épillets sont de véritables petites salières qui, à l'image de Larousse, dispersent à tout vent leurs gamètes mâles. Notre espace rural étant voué aux friches, elles promettent beaucoup de nez qui coulent et d'yeux qui piquent aux allergiques de demain.

Les autres pollens potentiellement allergisants sont entomophiles, ce qui signifie qu'ils ont besoin du ventre ou des antennes des insectes pour être transportés de leurs étamines jusque sur un pistil. Proust, on le sait, était spécialiste de botanique (deuxième prix à 12 ans de Sciences naturelles) et expert en hermaphrodisme floral. Le rôle de l'insecte dans la fécondation des fleurs, complémentarité des mondes animal et végétal, l'a beaucoup intéressé et il en a utilisé la métaphore, pour évoquer par exemple le manège de séduction entre le baron de Charlus et Jupien, comparés au jeu de l'orchidée et du bourdon. De ces pollens entomophiles par conséquent, une bourrasque de vent emporte bien quelques grains jusqu'à nos narines, mais trop peu pour déclencher une allergie. Il faut vraiment se coller le nez dessus pour en inhaler le pollen. Les roses, par exemple, nos jardins en possèdent quelques variétés aux étamines potentiellement allergisantes, mais nos fleuristes, afin de privilégier les pétales qui en font la beauté, en ont croisé les espèces et leurs étamines atrophiées délivrent très peu de pollen, d'autant qu'elles sont livrées en boutons fermés. D'autres espèces, comme les légumineuses (genêt, robinier, luzerne), ont une fleur aussi hermétique que la chambre de Marcel Proust, et seule l'obstination d'un insecte peut y introduire le pollen fécondant.

Marcel Proust souffrait donc tout simplement d'asthme et de rhinite mais, polysensibilisé, il était de ces personnes au terrain prédisposé qui fabriquent des clones de lymphocytes contre la plupart des allergènes inhalés, c'est-à-dire les pollens d'herbacées, les acariens de la poussière de maison et les moisissures.

Allergique a l'extérieur

Comme en d'autres domaines, le comportement de Proust vis-à-vis du risque allergique est paradoxal, témoignant de son ambiguïté attraction-répulsion. Les fleurs, communes ou rares, comptent beaucoup pour lui et on se souvient de ce que signifiait, pour Swann et Odette, « faire catleya ». Il n'achète jamais « ces fleurs qui me font si mal mais que j'aime tant », car il les croit allergisantes, mais envoie souvent Céleste chez le fleuriste Lemaître du boulevard Haussmann en faire porter aux amies. Lorsqu'il a trop envie de revoir ses fameuses aubépines, objet de sa prédilection, il se fait amener en voiture par Odilon dans la vallée de Chevreuse, mais, par crainte de l'allergie (imaginaire), se contente d'admirer, à travers la vitre de la portière fermée, une inoffensive branchette qu'Odilon est allé couper.

Il se cloître dans sa chambre pour éviter

fumées, brouillards et poussières, mais passe journées et nuits dans son lit, quartier général des acariens de la poussière de maison, ces affreux petits insectes saprophytes des déchets de peau humaine. Polysensibilisé et allergique aux moisissures, qui se délectent des ambiances humides et calfeutrées, il s'enferme dans son caveau glacial et hermétique de la rue Hamelin, se plaçant donc en situation idéale d'asthme expérimental : vivre en intérieur confiné est aujourd'hui reconnu comme un risque essentiel d'allergie.

Ignorant des acariens, moisissures et activations polyclonales de lymphocytes, Proust ne pouvait évidemment imaginer qu'il faisait le maximum pour aggraver son asthme. Mais le résultat est là, et on ne saurait regretter sa claustration dont le prix est l'une des plus belles œuvres de la littérature française.

Au-delà des allergènes, Marcel Proust était surtout allergique au dehors. « Voilà sept mois, écrit-il à un ami en mai 1906 *(sa chère maman vient de décéder)*, que non seulement je ne suis pas sorti, sauf pour me rendre dans une maison de santé où j'ai passé deux mois, mais que je ne me suis pas habillé. » Effectivement, dans cette période noire après le décès de Mme Proust, Marcel a séjourné de novembre 1905 à janvier 1906 au Sanatorium pour maladies nerveuses et morphinomanie des Drs Paul et Alice Sollier, route de Versailles à Boulogne-sur-Seine. A cet ami, il répète la ritournelle habituelle : « Je suis tellement votre voisin et ne peux, par ma détestable santé, en profiter pour tâcher de vous voir un peu. J'ai la même tristesse avec ma voisine et amie, Madame Lemaire, que je ne vois pas plus que si elle habitait la Chine au lieu de la rue Monceau. » Mais voici l'essentiel : le manque d'air lui pèse tellement qu'il va essayer de toutes petites sorties et pourtant je « tremble, écrit-il, à la pensée des crises que l'air dont je suis déshabitué va me causer ». Etrange formule que « déshabitué à l'air ». Proust n'étant pas un être anaérobie, il a toujours, en clinique, respiré de l'air. Celui qu'il évoque par conséquent, c'est l'air extérieur, aussi menaçant d'allergènes que les fantasmes des autres et du monde qu'il s'est échafaudé. Il redoute le vent, déteste le soleil, abomine le bruit. Sortir la nuit revêtu de flanelle, gilet doublé de ouate et pelisse, c'était emporter sa chambre avec soi, son obscurité incluse.

Lorsque le Dr du Boulbon souhaite établir sa relation avec la grand-mère du Narrateur sur une « bonne confession » réciproque, il lui fait la confidence de souffrir de névrose obsessionnelle et d'aller en maison de santé sous le prétexte de soigner les autres, mais en réalité pour se soigner lui-même. Et il souligne en revanche deux symptômes douloureux de sa patiente, dont il ne souffre pas, la « peur nerveuse de la nourriture » et la phobie « du grand air ».

Un soir où, après un dîner chez Antoine Bibesco, il a été pris d'une crise d'asthme terrible dans un cabinet glacial où on n'entendait plus que ses râles, il est sorti dans la rue, et « l'air du dehors » l'a tellement achevé qu'il a été incapable de répondre à un ami rencontré autrement que par des signes.

Son amitié pour la princesse Alexandre de Caraman-Chimay présente un autre exemple de sa phobie du dehors. Depuis qu'elle a quitté Paris pour aller passer ses vacances au Cap-Martin, lui écrit-il, elle lui manque beaucoup. Mais pour ne pas paraître ridicule, il est bien obligé de lui accorder qu'il ne la voit pas davantage lorsqu'elle est à Paris, à deux pas de chez lui, avenue Henri-Martin. Il n'y a donc « au fond aucune impossibilité » à se voir. Et pourtant, il n'ira pas chez elle. Pourquoi ? Parce que c'est le mois de mai, « le mois si dangereux pour la fièvre des foins », dont il n'a pas eu encore à souffrir en ce printemps 1903 mais qu'il va attraper s'il va la visiter. Comment ? Les arbres de l'avenue « portent leurs fleurs jusqu'à la hauteur de vos balcons ». Explication typiquement proustienne mais insoutenable : les fleurs de marronniers sont très peu allergisantes et de toute façon, son hôtesse aurait volontiers fermé ses fenêtres, si sa visite n'avait tenu qu'à cela.

Pour demeurer galant, il ajoute aussitôt après : en venant, je serai malade mais je « trouverai aussi près de vous des joies qui vaudront bien cette petite peine ». En clair, je dois choisir : l'enfermement, ou bien le plaisir de vous voir et l'asthme. Le vrai choix en réalité n'est pas vraiment celui-là. C'est plutôt : s'enfermer et asthmer chez soi, ou bien sortir, l'extérieur contre l'intérieur, le monde ou la recherche du Temps. Ecrire à la princesse des évocations de Léonard de Vinci ou Fra Angelico. Célébrer sa beauté, ou ses robes qui le « remplissent de pensées inexplicables », louer sa belle formule pour dire l'« irrésistible baiser du couple qui se regarde en face », autrement dit manier le verbe aimer à distance, ça n'est pas dangereux, ça n'engage à rien et ça maintient un espace de sécurité pour préserver le monde intérieur.

En s'enfermant, Proust maîtrise et abolit l'espace. Mais sa vie sans horaires, l'anarchie de son rythme nycthéméral, assimilant le jour à la nuit, abolit tout autant le temps, efface les notions de passé et présent, puisqu'elle l'installe hors du temps. D'ailleurs, se placer hors du temps pour échapper au temps, n'est-ce pas ce que font ces spéléologues qui se cloîtrent dans des grottes, bardés de tous les appareils de mesure imaginables... à l'exception de ceux qui mesurent le temps !

Car revoir les aubépines, c'était revoir le passé, revisiter le temps et cela suffit. Mais les sentir aurait introduit un danger à l'intérieur de lui, in-haler de l'extérieur et du présent. En se cloîtrant dans l'enceinte fermée de sa chambre pour écrire la *Recherche*, Proust s'est enfermé certes dans son asthme, mais aussi en lui. D'abord pour s'adonner tout entier à cet effort gigantesque, et également pour en puiser le matériau à l'intérieur de lui. Le voilà donc dans son arche de Noé : « Quand j'étais tout enfant, observe-t-il, le sort d'aucun personnage de l'histoire sainte ne me semblait aussi misérable que celui de Noé, à cause du déluge qui le tint enfermé dans l'Arche [...]. » (Plus tard.) « Je dus rester dans l'Arche. Je compris alors que jamais Noé ne put si bien voir le monde que de l'Arche, malgré qu'elle fût close et qu'il fît nuit sur la terre. »

L'asthme pour écrire. La maladie pour créer. La souffrance, pour l'art ? Je ne suis pas en train de dire ici que l'une est nécessaire à l'autre, mais je constate que les deux vont souvent ensemble. Que l'art s'accouche dans la douleur. « Mais qui de nous, demande Proust, ne vit justement de ce qui le fera mourir ? » L'artiste (plus ou moins consciemment) se place dans des situations que l'on pourrait qualifier d'échec d'un point de vue personnel, mais de succès par rapport à son œuvre. Souvenons-nous de Van Gogh qui, mésestimant ses graves difficultés relationnelles, rêvait d'organiser à Arles un cénacle d'amis peintres, initiative enthousiaste qui finira dans une course poursuite, rasoir à la main, après Paul Gauguin.

Céleste et le rhinogoménol

Je reviens au pneumocoque. Il a tué Proust prématurément, mais n'a été que l'acteur final du parcours de toute une vie et symbolise, me semble-t-il, sa phobie (finalement justifiée) du dehors. Ce dehors contre lequel il fallait lutter et qui fut, un mois avant sa mort, source d'un conflit avec Céleste.

Pour des raisons mystérieuses, elle, habituellement si soumise à son maître, refuse d'utiliser le rhinogoménol, panacée de la pharmacopée préventive de Proust, obsédé par la crainte que ses visiteurs n'introduisent chez lui des microbes importés. L'affaire est si grave que, quelques jours avant sa mort, il prend Paul Morand à témoin du crime de Céleste, responsable de sa maladie : « Odilon a pris un rhume qui n'a duré qu'un jour mais Céleste, refusant de mettre du rhinogoménol, m'a apporté un rhume avec rapidité comme si elle était pressée que je le prenne, et depuis un peu plus d'un mois je ne suis que quintes de toux, fièvre, etc., un asthme de jeunesse s'étant réveillé. Hélas la jeunesse, elle, ne s'est pas réveillée. »

Est-ce Céleste qui a introduit le pneumocoque tueur? Le rhinogoménol l'aurait-il stoppé dans le vestibule? Je ne sais. Mais on sait que ce rhinogoménol était le remède magique de Marcel Proust. Lorsque, dans l'hiver 1919, toute la famille Hauser fut décimée par la grippe, il s'empressa d'indiquer au père de cette famille, son ami Lionel : « Pour ta part tu ferais bien d'introduire dans tes narines du rhinogoménol (si tu n'en as pas j'en tiens à ta disposition) puissant désinfectant et qui te permettra d'éviter de prendre toi-même la grippe, car la tendresse, si loin qu'on la pousse, n'oblige pas à prendre le mal des siens, et à en faire un équivalent de cet amour maternel dont Hugo a dit : Chacun en a sa part et tous l'ont tout entier. » Et Proust, qui se prend à cette époque-là pour ses père et frère médecins, continue son ordonnance avec les boissons chaudes, les laxatifs (« pour éliminer le microbe ») et, s'il y avait du mal de gorge, gouttes de droséra et d'aconit, qu'il viendra apporter lui-même.

Qu'est-ce que ce fameux rhinogoménol? C'est une pommade en tubes, sertis d'une canule pénétrant profondément dans la narine pour y déposer le principe actif, enrobé de lanoline et d'huile d'amande : le goménol, essence végétale naturelle, obtenue par distillation de feuilles fraîches d'une myrtacée, *Melaleuca viridiflora*. Proust, curieux de tout, savait-il que ce goménol provient d'un petit arbre de la « forêt blanche » de Nouvelle-Calédonie, le niaouli?

La première qualité de ce médicament, indique la notice, est « son odeur balsamique généralement considérée comme fraîche et plaisante ». Le Narrateur de la *Recherche* pourtant, autant que les autres personnes approchant Madame Verdurin, ont été plutôt frappés par son odeur « assez peu agréable de rhinogoménol ». Avant le concert, en effet, Madame Verdurin se met du rhinogoménol dans le nez. Pourquoi? Elle exprime ses « émotions artistiques » avec son corps (peut-être afin de les rendre plus crédibles à son entourage). Or, lorsqu'elle entend de la musique de Vinteuil, elle ne peut pas « écouter ces machines-là sans cesser de pleurer... » Et pleurer, ce ne serait rien; « Seulement, ça me fiche après des rhumes à tout casser. Cela me congestionne la muqueuse et quarante-huit heures après, j'ai l'air d'une vieille poivrote et, pour que mes cordes vocales fonctionnent, il me faut faire des journées d'inhalation. » Heureusement, un élève de Cottard (prononcer ce nom lui rappelle tout d'un coup la mort du « pauvre professeur » qui « a été enlevé bien vite » et lui fait dire en guise d'oraison funèbre : « Eh bien oui, qu'est-ce que vous voulez, il est mort, comme tout le monde, il avait tué assez de gens pour que ce soit son tour... »), cet élève de Cottard, donc, lui a conseillé de se graisser le nez avant que la musique commence. Ainsi, elle peut pleurer comme plusieurs mères qui auraient perdu leurs enfants, elle en éprouve un peu de conjonctivite mais pas le moindre rhume. Sans le rhinogoménol, elle n'aurait jamais pu écouter encore du Vinteuil, car elle tombait « d'une bronchite dans une autre ».

Hormis le cas de Madame Verdurin, le rhinogoménol vaut surtout pour ses propriétés antiseptiques, particulièrement indiqué, selon la notice, chez « les porteurs de germes », ces « sujets qui, malgré des apparences extérieures de bonne santé, hébergent des microbes spécifiques d'une maladie » et sont responsables de « la marche des épidémies, l'éclosion de cas sporadiques et la persistance de maladies infectieuses ». Voilà des formules lyriques assez fortes pour avoir impressionné Marcel Proust. Comment n'aurait-il pas vu en Céleste, qui l'approchait jusqu'aux pieds de son lit, une dangereuse porteuse des germes d'Odilon, roulant dehors aux quatre vents de son taxi ? Raison de plus, lui avait-il recommandé, pour prendre votre rhinogoménol, afin que « si vous avez pris de l'air de grippe dehors, nous ne recommencions pas la comédie ». Le mot essentiel est lâché : *dehors*. L'intérieur, la chambre de liège, c'est la sécurité maîtrisable et maîtrisée. L'extérieur, c'est toute l'hostilité du monde, redoutable, menaçante, dangereuse, dont il faut se protéger en refermant son biotope aussi hermétiquement que possible. Et le rhinogoménol, c'était la serrure magique de la porte, fermée au nez des envahisseurs.

Se protéger, boucher son nez, fermer ses bronches avec de l'asthme, voilà la fantasmatique de Proust. Et dans le cas où l'ennemi se serait introduit par la voie digestive, dangereusement ouverte elle aussi à l'extérieur, il ajoute les laxatifs de microbes.

En définitive, le vrai monde de Marcel Proust, contrairement aux apparences, n'était pas celui des dîners et salons mondains. Le biotope de sa *Recherche* était son antre, dont il ne sortait que pour faire sa provision d'images, et qu'il regagnait aussitôt, tel l'homme préhistorique rentrant dans sa caverne métaboliser les produits de sa chasse.

Et contrairement à ceux qui auraient voulu le réduire à l'enfermement du « nerveux », on va voir que Proust en savait beaucoup sur son hypersensibilité.

Nerveux!

Marcel Proust, vous êtes un nerveux! Voilà la sentence que le jeune Marcel a dû entendre prononcer souvent.

Le mot était à la mode, dans l'air du temps. Un médecin roumain, le Dr Nicolas Vaschide, chef de travaux au Laboratoire de psychologie expérimentale de l'Ecole des Hautes Etudes, répétait à propos de tout et de rien « c'est nelveux », ce qui a fait dire à Proust qu'il semblait « désireux d'accroître le champ de sa spécialité ». Adrien Proust, qui a sûrement répété à son fils : « ton asthme, c'est nerveux », n'avait pas lu le *Dictionnaire des idées reçues* de Gustave Flaubert, qui indiquait au mot « nerveux » : « Se dit chaque fois qu'on ne comprend rien à une maladie ; cette explication satisfait l'auteur. »

Définition :

> NERVEUX : *Spécialt.* Qui concerne les nerfs, comme support de l'émotivité, des tensions psychologiques. *(Tension nerveuse ; rire nerveux ; toux nerveuse).* — *Maladies nerveuses,* se dit plus spécialement des maladies qui affectent le psychisme sans lésion organique connue. — *(Personnes)* Emotif et agité, qui ne peut garder son calme, au physique et au moral.

Proust n'avait pas besoin du dictionnaire : il savait tout sur les nerveux. Son expérience personnelle l'avait fait expert de la souffrance de « cette famille magnifique et lamentable qui est le sel de la terre ». « Tout ce que nous connaissons de grand nous vient des nerveux. Ce sont eux et non pas d'autres qui ont fondé les religions et composé les chefs-d'œuvre. Jamais le monde ne saura tout ce qu'il leur doit et surtout ce qu'eux ont souffert pour le lui donner. Nous goûtons les fines musiques, les beaux tableaux, mille délicatesses, mais nous ne savons pas ce qu'elles ont coûté à ceux qui les inventèrent, d'insomnies, de pleurs, de rires spasmodiques, d'urticaires, d'asthmes, d'épilepsies, d'une angoisse de mourir qui est pire que tout cela. »

Comment ne pas accepter volontiers, dira le Dr

du Boulbon à la grand-mère du Narrateur, « d'être appelée une nerveuse » ?

Proust sait aussi que les nerveux ne sont pas des gens qui s'écoutent trop : « Les névropathes sont peut-être, nous précise le Narrateur *(qui s'est entendu répéter par les siens qu'il s'écoutait trop)*, ceux qui "s'écoutent" le moins... » Ils n'ont pas besoin de s'écouter, ajoute-t-il, car « ils entendent en eux tant de choses [...]. Leur système nerveux leur a crié "Au secours !" » comme pour une maladie grave — alors qu'il s'agissait de choses bénignes comme le changement du temps — qu'ils ont pris l'habitude de ne pas prêter attention à ces hyperesthésies.

Il s'est décerné ensuite son propre certificat d'hypersensibilité : « Mon livre n'est à aucun degré une œuvre de raisonnement ; ses moindres éléments m'ont été fournis par ma sensibilité, je les ai d'abord aperçus au fond de moi-même, sans les comprendre, ayant autant de peine à les convertir en quelque chose d'intelligible que s'ils avaient été aussi étrangers au monde de l'intelligence que — comment dire ? — un motif musical. »

En bon asthmatique allergique, Proust se sait donc fondamentalement un hypersensible, celui qui perçoit plus que les autres le monde extérieur, qui le sent et se sent lui-même, comme un médium reçoit le message invisible des choses.

Mais son hypersensibilité va jusqu'à *l'hyperesthésie*, c'est-à-dire aux limites de la douleur : les sensations externes pénètrent en lui assez exacerbées pour l'écorcher ou le brûler (et c'est l'une des raisons de son enfermement). Si sa sensibilité aux allergènes provoque l'asthme, ses impressions sensorielles aiguës résonnent également en lui par des malaises multiples. Son hypersensibilité aux choses et aux gens lui fait éprouver à l'excès, dans son corps, le désordre du monde.

Je crois les connaître bien, parce que je les pratique beaucoup, ces asthmatiques hypersensibles. Les images terribles du journal télévisé de 20 h, véhiculant toutes les laideurs du monde, se déversent directement de leurs yeux dans leurs bronches. Ils en font de l'asthme et autres maladies. C'est leur façon à eux de dire la souffrance insupportable qu'ils en éprouvent, leur incapacité à la digérer.

Proust a parfaitement compris que ce mot imbécile de « nervosisme » était beaucoup plus essentiel que le croyaient ceux qui l'employaient à tort et à travers. Il a compris que ce nervosisme était « un pasticheur de génie » : « Il n'y a pas de maladie, écrit-il, qu'il ne contrefasse à merveille. Il imite à s'y méprendre la dilatation des dyspeptiques, les nausées de la grossesse, l'arythmie du cardiaque, la fébricité du tuberculeux. »

Lorsqu'on s'est entendu condamner comme

« nerveux », que faire de la sentence? Rien! Car il est bien avancé, celui qui s'est vu coller l'étiquette! Dans la maladie, observe Proust, nous nous rendons compte que nous vivons enchaînés à un être d'une espèce différente, dont des abîmes nous séparent, ignorant de nous et imperméable à nous : notre corps. Il est donc bien illusoire d'espérer obtenir de son corps quelque « compréhension ». « Quelque brigand que nous rencontrions sur une route, peut-être pourrons-nous arriver à le rendre sensible à son intérêt personnel, sinon à notre malheur; mais demander pitié à notre corps, c'est discourir devant une pieuvre, pour qui nos paroles ne peuvent avoir plus de sens que le bruit de l'eau [...]. »

Ce qu'il faudrait, explique Proust, c'est que le médecin qui écoute son malade lui raconter ses malaises soit capable de remonter, grâce à eux, « à une cause plus profonde ignorée du patient... » Hélas, le médecin consulté par un patient habité d'une attente — celle de comprendre le sens de son symptôme — est bien souvent décevant. Proust a connu cette déception du « névropathe qui voudrait arracher au médecin sur son mal, quelques paroles profondes, et le médecin se contente de parler de choses et d'autres et dit : "mais couvrez-vous je vous en prie, vous aurez froid", ou "bon appétit et bon voyage" ».

Le médecin fait parfois pire. A défaut de scruter et de mettre à jour la véritable souffrance, il rigidifie le symptôme, par ses propos sentencieux, et enferme le malade dans sa maladie : « Pour une affection que les médecins guérissent avec les médicaments (on assure, du moins, que cela est arrivé quelquefois), ils en produisent dix chez les sujets bien portants, en leur inoculant cet agent pathogène plus virulent mille fois que tous les microbes, l'idée qu'on est malade. Une telle croyance [...] agit avec une efficacité particulière chez les nerveux. Dites-leur qu'une fenêtre fermée est ouverte dans leur dos, ils commencent à éternuer [...]. »

Ce symptôme, il faudrait plutôt le respecter, puisqu'il est la parole du malade. C'est-à-dire son principe vital. Le nervosisme, c'est l'« énergie nerveuse ». Il procure des joies que l'intégrité nerveuse serait bien incapable de donner. Il ne faut surtout pas y toucher, mais l'appliquer dans la bonne direction : « Il y a des maux dont il ne faut pas chercher à guérir parce qu'ils nous protègent seuls contre de plus graves. »

Si Proust veut bien, cependant, que son Narrateur se dise « nerveux », il ne permet pas qu'un autre le lui serve. L'« état névropathique accentué » de Marcel Proust, avait écrit le critique René Gillouin, lui confère une « acuité de perception externe et interne infiniment supérieure à la normale », lui permettant, en se racontant, de nous révéler des connaissances sur nous-mêmes, puisque « l'élément morbide » que la maladie a introduit dans sa vie intérieure lui permet d'apporter à la littérature une part de réalité humaine qui tenait du champ des médecins ou des psychiatres. « *Sodome et Gomorrhe*, conclut-il, c'est l'équivalent littéraire approprié au goût et à l'esprit français de la Psychanalyse [P!] de Freud. » Proust fait comme s'il n'avait pas compris et se limite à lui répondre que son diagnostic est inexact. A l'évocation de son hypersensibilité, analysant si profondément les sentiments humains, il répond seulement que son asthme est d'une violence telle qu'il ne lui a permis « ni sommeil, ni nourriture, ni respiration, depuis six jours » !

Quelle que fût pourtant la maladresse de sa formulation, René Gillouin avait vu juste : c'est bien l'hypersensibilité de Proust qui lui a permis d'introduire dans la littérature française « une part de réalité humaine » qu'elle ne connaissait pas. Dès lors, une question souvent posée : l'asthme a-t-il influencé l'œuvre ?

Dans sa thèse de médecine, Georges Rivane l'affirma carrément, ce qui lui valut une critique acerbe de René Etiemble, démontrant, évidemment, le contraire. Je dirai simplement que la phrase de Proust semble retenir sa respiration, parce qu'elle vise à inclure le plus d'éléments possibles, à établir des relations aisées, des passages (métaphoriques ou métonymiques) entre le monde extérieur et le monde intérieur. Bloquant sa respiration (qui représente la forme même de la relation au réel), ses crises d'asthme lui fournissent l'expérience (ou la preuve) de son incapacité à mettre en communication l'espace du dedans et l'extérieur, son moi et le monde. En asthmatique, il rêve d'une circulation aisée, d'un rapport euphorique et harmonieux, et utilise l'écriture comme le seul moyen de rétablir, entre le monde et lui, un rapport qui ne fasse plus l'univers extérieur mais intérieur, recréé, presque inhalé.

Par l'œuvre écrite, le contenant devient contenu, le monde est en moi, je peux l'exprimer, l'aspirer, l'expirer, le respirer. La notion de transsubstantiation (importante chez Proust) prend dès lors chez lui une double signification. Asthmatique, il « refuse » d'expirer, de communiquer avec le monde, par le passage de l'air, l'extériorité qui nous pénètre. Mais sa création est une transsubstantiation maîtrisée, le monde devient matière spirituelle, chambrée dans un livre. Si pour l'asthmatique, la personnalité d'un lieu tient à la qualité de l'air qu'on y respire (géographie des odeurs), la vérité d'un personnage ou d'une scène, c'est la qualité des mots qu'on peut en avoir tirés, et dont on a fait une matière subtile, malléable à loisir.

Si bien que la proposition de Georges Rivane doit être totalement inversée. Si l'asthme de Proust s'inscrit d'une certaine façon dans son écriture, cette écriture est absolument « anti-asthmatique », dans la mesure où elle constitue le refuge, par lequel il reconstruit un univers antithétique de celui dans lequel il vit sans y accéder. Un univers qui lui convient et où il est heureux, un univers sans asthme, sans distance et sans séparation.

En définitive, l'asthme de Proust, c'est la conséquence et la cause d'un certain type de relation au monde. Son hypersensibilité d'asth-matique allergique fonde sa thématique puisqu'elle rend compte pour partie de son esthétique. Par cette dimension « sensorielle », Proust rejoint l'Impressionnisme — pour lequel « la réalité n'est faite que de nos états sensoriels et émotifs » et qui atteint à son plein développement au moment de la *Recherche*.

Cette allergie au dehors de l'asthmatique Proust, ne serait-ce pas finalement un refus de l'air, cet air simultanément vital et symbolique de l'extérieur introduit au cœur de soi? L'asth-matique Raymond Queneau écrira plus tard que « la grande atmosphère » qui entoure la terre ne peut pénétrer dans les poumons de son héros asthmatique, Louis-Philippe des Cigales, car « *ses poumons* ne veulent pas* de la grande atmosphère ». Refus de l'air! Comme une jeune fille atteinte d'anorexie mentale refuse les aliments. Pourquoi? Pour dire un refus plus essentiel, dit Pierre Benoit : manger (respirer), c'est indispensable pour vivre. Mais il y a pour moi quelque chose de plus important que vivre, et je le dirai par ce refus, dussé-je en mourir.

L'asthmatique le dit-il en fermant ses bronches qui sifflent en crises?

---

* C'est l'auteur qui souligne.

Une parole pour dire quoi ?

Le symptôme (asthmatique ou autre), pensent certains, « est bête ». Il ne veut rien dire. L'étymologie (*sun-piptein* : tomber avec) n'est pas contributive, puisqu'elle signifie autant coïncidence que relation causale. Je pense, moi, que le symptôme a du sens, plus précisément qu'il prend du sens, à la condition de l'insérer dans l'histoire singulière de la vie de tel individu, et non d'en faire un prêt-à-porter de café du Commerce. Du sur mesure, et pas de confection !

L'écrivain et asthmatique guéri Dominique Fernandez a consacré dans « Psychanalyse et Création » (*L'Arbre jusqu'aux racines*) une très belle étude à l'écrivain et l'œuvre de Marcel Proust, décédé de son asthme. Cet asthme résulte, selon lui, « d'une crise de relation entre le fils et la mère ». Un lien excessif, favorisé par la jalousie du petit frère dont la naissance est venue lui dérober l'exclusivité de l'affection maternelle.

L'affirmation de Dominique Fernandez n'est pas scientifiquement intenable, puisqu'on a démontré que les crises d'asthme, qui procèdent de facteurs neurologiques et inflammatoires sur un terrain prédisposé, peuvent être déclenchées par des facteurs psychologiques. On sait aujourd'hui que les terminaisons nerveuses des bronches activent directement des cellules qui enflamment les bronches par un mécanisme de réflexe conditionné. Facteurs organiques et/ou psychologiques, le médecin qui endoscope les bronches d'un asthmatique voit toujours le même spasme, les sécrétions et l'œdème de leur muqueuse rougie d'inflammation.

Dans ces conditions, il n'est pas absolument faux d'affirmer qu'une mère peut enflammer aussi les bronches de son enfant.

Dominique Fernandez, dont un asthme atroce a gâché l'enfance, estime que l'absence d'analyse sérieuse de l'asthme constitue l'un des sujets de déception de la *Recherche*. Aucun autre écrivain n'aurait pu pourtant, autant que Proust, mettre au jour les causes profondes de l'asthme, « si une puissante résistance intérieure ne l'en avait empêché, la crainte de détruire son mythe familial ».

Aussi admiratif soit-il, Dominique Fernandez estime que le caractère déprimant de l'œuvre de

Marcel Proust, qui s'est voulu « "fils de personne" [...] tient au fait que ses personnages sans passé qui [nous] explique leur malheur, sont esclaves d'une fatalité sans recours. On aurait pu changer leur histoire, on ne pouvait changer leurs poumons ou leurs glandes ». Et il regrette que Marcel Proust ne soit pas allé, dans le récit des relations du Narrateur avec sa mère, au-delà de l'histoire du baiser maternel : « Est-il possible qu'il n'ait pas compris que toute névrose, quelle qu'elle soit, et particulièrement celle qui se déguise et se transmue en vocation littéraire, résulte d'une perturbation infantile des liens avec la mère ou le père ? » Et il évoque, par comparaison, André Gide et sa hardiesse à se dire, lui et son homosexualité.

Dominique Fernandez regrette d'autant plus que Proust ne soit pas allé « jusqu'au bout » de l'analyse de son asthme, qu'il en avait sûrement compris la composante névrotique dont la lecture des *Psychonévroses* du Pr Dubois lui avait ouvert les horizons, même si Freud et la psychanalyse lui étaient demeurés inconnus. On peut donc avec lui déplorer cette inhibition de Proust qui persiste, dit-il aujourd'hui, chez ceux, encore nombreux, « qui voudraient se soigner sans se remettre en cause et préfèrent mourir, comme Proust, à la fois avec leur maladie et avec leur secret ».

La preuve que Proust avait tout compris mais n'a pas voulu tout dire, il nous l'a donnée lui-même dans les attitudes diamétralement et caricaturalement opposées, des médecins de la *Recherche*, le Pr Cottard et le Dr du Boulbon, symétriques des approches différentes de l'asthme par D. Fernandez ou lui-même. Pour Cottard, appelé au chevet du Narrateur après la crise des Champs-Elysées, l'asthmatique, ce sont des bronches que d'autres organes ont rendu malades. Le reste (le malade!), il ne veut pas le savoir, comme l'adjudant à la caserne ne veut pas savoir la raison des ordres qu'il fait exécuter. Et Proust, qui ne cesse de nous le faire passer pour un imbécile intellectuellement limité, nous le présente aussi comme le type du bon médecin qui a du « flair » et « du coup d'œil », un « don mystérieux », possible chez des êtres « d'une grande vulgarité », dépourvu de curiosité et amateur de mauvaises peinture et musique : « Alors nous comprîmes que Cottard, tout en me trouvant, comme il le dit dans la suite, assez asthmatique et surtout "toqué", avait discerné que ce qui prédominait à ce moment-là en moi, c'était l'intoxication, et qu'en faisant couler mon foie et en lavant mes reins, il décongestionnerait mes bronches, me rendrait le souffle, le sommeil, les forces. Et nous comprîmes que cet imbécile était un grand clinicien. »

Du Boulbon, intelligent et conscient des relations du corps et de l'esprit, nous est au contraire présenté comme le médecin dangereux, et presque charlatan dans la maladie de la grand-mère. Alors que Cottard parle « intoxication », ce qui signifie des solutions simples : « chaque fois que la toux et les étouffements recommenceront, purgatifs, lavages intestinaux, lit, lait » (il « n'y a qu'à » détoxiquer le foie, décongestionner les reins, et l'asthmatique guérira sans autre forme de procédure), le second voudrait, derrière les symptômes et les mots, déceler la cause du dérèglement des organes.

Pendant ce Congrès mondial de Vienne, que je préside, le Pr Mac Farlane nous accable depuis une demi-heure avec une revue mondiale des études sur la psychologie de l'asthmatique. Dans son université de « Siraquiouze », il a créé un Observatoire des asthmatiques et nous commente, aidé de statistiques (« p statistiquement significatifs ou non significatifs »), son portrait psychologique standard des asthmatiques. C'est tellement ennuyeux qu'à son sixième « Siraquiouze », ma pensée s'évade, et je pense à Yves Montand : « J'aimerais tant voir Syra...cu...se... » Son profil psychologique standard de l'asthmatique pourrait être aussi bien celui d'un diabétique, d'un hypertendu, d'un abonné au gaz ou d'un joueur de pétanque.

Ce sujet de la psychologie de l'asthmatique est souvent source de confusion, parce qu'on oublie de distinguer les conséquences de la maladie (celles d'une maladie chronique), et la participation (inconsciente) d'un facteur psychologique à sa genèse.

On ressort d'abord régulièrement la vieille ritournelle du psychosomatique, bien éculée pourtant après avoir beaucoup servi depuis Platon, mais toujours vivace, puisque certains lui consacrent encore des dissertations. Elle procède d'une erreur fondamentale, celle qu'il y aurait dans l'être humain, en haut un « esprit » et en bas, un « corps ». En résultent beaucoup de contorsions, destinées simultanément à joindre cet esprit à son corps et à les disjoindre au besoin, jusqu'au ridicule d'attribuer des pourcentages de corps et d'esprit dans telle ou telle maladie. Proust avait lui-même ridiculisé cette fausse distinction organique-psychique, en faisant dire au Dr du Boulbon que la grand-mère souffrait d'« albumine mentale », ou ironisant à propos de la tante Léonie, geignarde et cloîtrée dans sa chambre depuis plusieurs années qui, en mourant, fit « triompher à la fois ceux qui prétendaient que son régime affaiblissant finirait par la tuer, et non moins les autres qui avaient toujours soutenu qu'elle souffrait d'une maladie non pas imaginaire mais organique, à l'évidence de laquelle les sceptiques seraient bien obligés de se rendre quand elle y aurait succombé [...] ». Je rappelle ici que Proust, après s'être moqué des théories médicales sur la tante Léonie, s'est appliqué la réalité de sa fiction romanesque. La tante du Narrateur a commencé en effet par ne plus vouloir « quitter, d'abord Combray, puis à Combray sa maison, puis sa chambre, puis son lit ». Et lui, cloîtré dans sa chambre depuis plusieurs années, s'est transmigré, nous l'avons vu, en tante Léonie puisqu'il mourra comme la tante de causes conjuguées « psychologiques » (cachexie de son régime insensé) et « organiques » (asthme compliqué de septicémie à pneumocoques).

Invoquer des facteurs psychologiques dans la genèse de l'asthme, c'est se demander si l'inconscient d'un individu peut s'exprimer à travers une maladie ou un symptôme, ce qui permet au médecin de proposer au malade d'en rechercher le sens. Avec P. Gazaix, nous avons émis l'hypothèse que l'asthme, ce sifflement bronchique paroxystique, pourrait être une parole inarticulée, une sorte de cri qui, incapable de passer par la machinerie habituelle des cordes vocales du larynx, serait émis par les bronches comme une parole archaïque et rudimentaire.

Un cri, parce qu'il n'y aurait pas de mots pour la dire, soit qu'on n'ait pas ces mots, soit qu'ils n'existent pas dans le langage, ou encore que le degré de souffrance excède les capacités du vocabulaire (ça ne peut pas se dire). Alors, affirme Paul Valéry, ce sont des organes dont ce n'est pas la fonction qui suppléent la parole manquante et parlent à la place du larynx, que ce soit l'estomac (je peux pas l'encaisser), la peau (ça me gratte), les yeux (je peux pas le voir), le nez (je peux pas le sentir), etc.

Dans le cas de l'asthme, les bronches pour dire quoi? Une souffrance profonde, insue, inexprimable, indicible (définition même de *l'ineffable*), qui est demeurée tapie, là, au creux de la poitrine, au cœur de l'être.

Asthme, symptôme de quelle souffrance proustienne?

Lorsqu'on connaît la relation affective démesurée de Marcel avec sa mère et le drame irréparable que fut pour lui sa mort, on ne se hasarde pas beaucoup à invoquer la souffrance de la séparation. Enfant, il avait déjà prévenu : le plus grand malheur? « Etre séparé de maman ». Jusqu'à ce que la mort opère cette séparation définitive, il souffrit de la séparation quotidienne de la nuit, à exorciser par le baiser du soir, et plus tard par les billets glissés sous la porte de la chambre, comme pour prolonger une intimité et une complicité que venait interrompre le sommeil.

En fait l'objectif recherché, son idéal, était l'intimité, la communion, la fusion, bref le retour dans le ventre de maman : « La joie que j'ai de te sentir plus près de moi et de penser que bientôt nous ne ferons plus qu'une personne comme nous ne faisons qu'un cœur. » L'union avec sa mère, c'était bien l'essentiel, fût-ce au prix de l'asthme (ce qui veut dire qu'elle n'avait pas de prix) puisqu'il finit par lui écrire : « Car j'aime mieux avoir des crises et te plaire que te déplaire et n'en pas avoir. » Le mot est lâché : pourquoi pas l'asthme, vive l'asthme (et le risque, accepté, d'en mourir), pourvu que tu m'aimes !

Mais quitte à souffrir, encore fallait-il que sa mère sût qu'il souffrait, car « la consolation des martyrs est que Dieu pour qui ils souffrent voit leurs plaies ». Et après divers reproches, il l'accusera de ne pas l'aimer assez pour accepter son mode de vie : « La vérité c'est que dès que je vais bien, la vie qui me fait aller bien t'exaspérant, tu démolis tout jusqu'à ce que j'aille de nouveau mal. » Marcel en rajoute, précise qu'elle s'est déjà comportée ainsi et redeviendra gentille si survient une crise redoutée. C'est tout de même regrettable « de ne pouvoir avoir à la fois affection et santé ».

Au début de septembre 1905, sa mère, qu'il a

accompagnée à Evian, tombe malade sitôt arrivée. On parle de néphrite. Ramenée à Paris, son état s'aggrave dramatiquement et elle meurt le 26. Elle avait été opérée d'un cancer sept ans plus tôt, et probablement s'agissait-il d'une récidive. Marcel est accablé : « Ma vie a désormais perdu, écrit-il à Montesquiou, son seul but, sa seule douceur, son seul amour, sa seule consolation. » En décembre, dans la seule piété d'exaucer le vœu de sa mère (« voulant faire ce que Maman aurait aimé, n'ayant plus d'autre but ici bas »), il réalisera ce qu'il avait toujours refusé (et refusera), un séjour en clinique. Il passera ensuite deux ans (1906 et 1907) à son travail de deuil mais ne l'achèvera jamais, comme en témoigne une métaphore éloquente : « On aurait dit qu'une partie de ma poitrine avait été sectionnée par un anatomiste habile, enlevée et remplacée par une partie égale de souffrance immatérielle, par un équivalent de nostalgie et d'amour. Et les points de suture ont beau avoir été bien faits, on vit assez malaisément *quand le regret d'un être* est substitué aux *viscères*. »

L'absence de la mère, vissée dans la poitrine à la place des bronches ! Voilà qui évoque, si on nous permet cette comparaison théologique, la transsubstantiation et ce qu'elle désigne, dans le contexte de cette phrase proustienne, c'est-à-dire l'appareil respiratoire, devenu bien davantage que l'organe et la fonction qu'il assume, le site du regret maternel.

La mort et ses regrets mis à part, qui est-ce qui tend à vous séparer de l'affection exclusive de votre mère? Un petit frère! Même bien-aimé, contre lequel surgit la tendance (très inconsciente) de nourrir quelque jalousie.

Indifférence et jalousie

Parmi ses nouvelles, *Les Plaisirs et les Jours* appréciées autant par Léon Blum que Charles Maurras, « La fin de la jalousie » est celle que préférait Proust.

L'histoire est celle d'un homme variable en amour qui, amoureux d'une femme, se préoccupe déjà de savoir quand et comment il s'en détachera pour une autre. Mais voilà qu'un ami, ignorant sa liaison, va allumer en lui le feu de la jalousie. Pendant qu'il le raccompagne chez lui, après un dîner auquel assistait la femme du moment, l'ami lui dit de cette femme : « Il y avait ce soir quelqu'un qui a dû rudement se la payer, c'est François de Gouvres ; il dit qu'elle a un tempérament ! mais il paraît qu'elle est affreusement faite et il n'a pas voulu continuer. » La pensée qu'un autre ait pu — non pas posséder — mais donner du plaisir à cette femme lui est intolérable et le voilà aussitôt maladivement jaloux. Comment va faire Proust pour amener son lecteur à la fin de cette jalousie? Ni revolver, ni poison, un accident. Honoré, le jaloux, est renversé pendant sa promenade dans l'avenue du Bois de Boulogne, « par un cheval emporté ». « Une péritonite *(qui sait pourquoi une péritonite après une fracture de jambe!)* se déclara le dimanche » et, comme le cheval fou, la mort « l'emporta le lundi à six heures du soir ».

Avant de le laisser mourir, Proust se devait quand même de donner un témoignage dramatique de la souffrance du jaloux. Scénario: Honoré, sévèrement blessé, refuse de recevoir les visiteurs mais se fait apporter leurs cartes de visite. Il y en a un gros tas (et de son volume, il déduit la gravité de sa situation qui a déplacé tant de monde), mais surtout, il trouve dans le tas la carte du comte François de Gouvres, celui « qui a dû rudement se la payer ». Jalousie, jalousie: si je survis, se dit Honoré, elle n'aimera plus un amputé. Si je meurs, d'autres l'auront après moi. Insupportable, mon cher Watson! Vite, une crise d'asthme: « A ce moment, il eut peur en entendant sa respiration qui sifflait, il avait mal au côté, sa poitrine semblait s'être rapprochée de son dos [...] le médecin vint. Honoré n'avait qu'une légère attaque d'asthme nerveux » (Merci, Pr Brissaud!). Le médecin parti, Honoré est aussi triste que déçu : « Il aurait préféré que ce fût plus grave et être plaint. » Car ceux qu'il aimait le plus ne l'avaient jamais plaint « sous prétexte qu'il était nerveux ». D'ailleurs, le frère d'Honoré (Robert Proust !) qui, hormis quelques mauvais sommeils de repas trop copieux, ignorait totalement ce que peuvent être les nuits d'insomnie de l'asthmatique, lui disait le matin au réveil : « Tu t'écoutes trop. » Tu crois ne pas dormir, mais tu as bien dormi. Eternel rapport du « moi », et de « l'autre » : notre rage de dents nous préoccupe tellement plus que les massacres du Rwanda !

Et pourtant, Honoré veut bien admettre qu'il s'écoute trop. Mais ce qu'il écoute, n'est pas ce qu'on entend habituellement par cette expression. Il écoute « toujours la mort » qui mine profondément sa vie. Au pire moment, en effet, de sa crise d'asthme, il voit s'écarter ce voile qui cache « la mort en nous » et il aperçoit « l'effrayante chose que c'est de respirer, de vivre ». Malgré quelques maladresses inhérentes aux premiers écrits qui, mieux que Proust, a exprimé cette perception aiguë de l'asthmatique dont une menace permanente fragilise la vie, jusqu'à la mort promise à toute vie ?

Mais voici la clé de la jalousie. Honoré refuse la pensée qu'un autre que lui puisse donner du plaisir à la femme aimée. Du bonheur, oui, de l'amour, oui, « je veux bien », mais pas du plaisir. Pensée intolérable. « Alors, un de ses désirs de petit enfant lui revint, du petit enfant qu'il était quand il avait sept ans et se couchait tous les soirs à huit heures... » (On pense évidemment ici à la première phrase de la *Recherche* : « Longtemps, je me suis couché de bonne heure... ») Ce désir du petit Honoré, c'était quoi ? Que sa mère vienne le soir lui donner un baiser. Mais si elle devait sortir ensuite pour une soirée, il ne fallait pas que ce fût immédiatement avant son départ, quand elle s'apprêtait à aller prendre du plaisir sans lui. Il fallait qu'elle l'embrasse et s'en aille tout de suite après, dès huit heures, attendre chez une amie l'heure du théâtre ou du bal. Voilà la fameuse scène du baiser en préparation.

La mort, seule, permettra à Honoré d'atteindre la fin de la jalousie. Dans son agonie, alors que défilent encore dans sa tête les noms de ceux qui risquaient de posséder la femme aimée, il s'aperçoit, en suivant le vol d'une mouche dans sa chambre, que son désir s'est éteint, puisque le plaisir que prendra un autre avec la femme aimée, lui est devenu aussi indifférent que de voir la mouche voler ou se poser sur son lit.

L'asthme est revenu dans « L'indifférent », une autre nouvelle des *Plaisirs et les Jours*, écrite en 1893.

Cet indifférent, c'est Lepré, un homme « très gentil mais très insignifiant », sans rien de remarquable et qui ne conviendrait pas du tout à Madeleine, « la femme la plus gâtée de Paris », une femme aux *catleias* qui, à l'Opéra, fait se tourner toutes les têtes vers sa loge. Il suffit qu'on dise à Madeleine que cet homme n'est pas pour elle, qu'il lui témoigne de l'indifférence et qu'elle apprenne qu'il part pour un très long voyage, pour qu'elle ait aussitôt envie de le séduire. Elle n'y parviendra pas car (elle le saura plus tard) Lepré a un vice caché : il n'aime que « les femmes ignobles qu'on ramasse dans la boue et non seulement il les aime follement, mais il n'aime qu'elles », alors que femmes du monde, ravissantes ou jeunes filles idéales le laissent indifférent. L'indifférence, le non-amour, voilà ce dont souffre certes tout humain, mais qui est insupportable à Proust. Et quand Madeleine apprend la séparation (Lepré s'en va), synonyme d'impossible fusion, c'est encore l'asthme qui vient à l'esprit et sous la plume de Proust pour dire l'insupportable : un enfant qui n'a jamais eu d'asthme, explique-t-il, ne peut savoir quel est son bonheur de respirer normalement. C'est quand survient la crise qu'il éprouve la cruauté de la perte. De la même façon, toute perte affective est perçue à la manière de l'asthmatique qui, avec l'air inhalé, comprend tout ce qui était entré dans sa poitrine, et tout ce qui s'en arrache avec le souffle coupé. Et on ne saurait en vouloir, ajoute Proust, à ceux qui regardent votre crise, apitoyés, pas plus qu'à l'amie de Madeleine témoin de l'indifférence de Lepré. Personne, hormis justement l'indifférent(e), ne peut guérir le non-amour. Proust aurait bien voulu en guérir, lui qui citait en exergue une maxime de La Bruyère : « On guérit comme on se console; on n'a pas dans le cœur de quoi toujours pleurer et toujours aimer. »

Mais il aura jusqu'au bout dans le cœur un besoin insatiable d'être aimé, et on sait quelle dimension prendra la jalousie dans la relation de Swann avec Odette, et du Narrateur avec Albertine : « La jalousie est aussi un démon qui ne peut être exorcisé, et reparaît toujours, incarné sous une nouvelle forme. »

Aimez-moi !

L'asthme de Proust fut atrocement invalidant et on ne saurait minorer une maladie qui perturba sa vie et le tua à 52 ans. Il n'en est pas moins vrai que le malade s'est (comme beaucoup d'autres) « servi » de sa maladie.

Que l'asthme puisse « servir », Proust nous l'a montré d'ailleurs en prêtant cet usage à Françoise pour martyriser la fille de cuisine de tante Léonie. C'était « une pauvre créature maladive » dont il indique la grossesse par la formule pudique : « Elle portait difficilement devant elle la mystérieuse corbeille, chaque jour plus remplie. » Cette grossesse sans mari ne lui vaut aucune complaisance de Françoise (« elle n'avait qu'à ne pas faire ce qu'il faut pour ça »), qui la charge au contraire des besognes les plus désagréables. Afin d'éviter qu'une autre prenne sa place auprès de tante Léonie, Françoise rend la maison intenable à tous les domestiques, en usant de ruses si savantes et si intenables que les Proust ne comprendront que bien plus tard pourquoi ils avaient cet été-là mangé des asperges tous les jours : « C'était parce que leur odeur donnait à cette fille chargée de les éplucher, des crises d'asthme d'une telle violence qu'elle fut obligée de finir par s'en aller. »

Lui, Proust, s'est servi de son asthme pour dresser un barrage infranchissable à sa réclusion. J'ai mon asthme, je suis malade, différent de vous, donc... acceptez-moi comme je suis. Il a résilié son abonnement téléphonique, Céleste filtre les entrées et sa vie, qui consiste à dormir le jour et travailler la nuit, décourage les visiteurs. Seul(e)s, quelques privilégié(e)s pourront bénéficier de ses sorties.

Son asthme et ses malaises servent également à excuser « retard, brièveté, tergiversations ». « Savez-vous qu'une lettre de cette longueur, écrit-il à Léon Bailby, c'est pour moi huit jours de fièvre, d'asthme, de douleurs, d'impossibilité de tracer un mot. » Son asthme enfin, il en retire le bénéfice affectif, il s'en sert pour se faire plaindre, c'est-à-dire se faire aimer, depuis que sa chère maman n'est plus là pour ça. N'oublions pas que dans un questionnaire de salon, il a répondu à : « principal trait de caractère » : « besoin d'être aimé ».

Mais certains, par une compassion insuffisante pour ses gémissements, refusent implicitement de « l'aimer » autant qu'il le voudrait. Et voilà sa hantise de n'être pas pris au sérieux. Cette obsession qu'on ne croie pas au handicap terrible de son asthme ou à la gravité de ses malaises. Ainsi déplore-t-il que Madame Lemaire et sa fille n'aient « jamais voulu, malgré tant d'évidence, croire à mon mal [...] leur idée préconçue est trop forte et j'ai trop longtemps souffert d'avoir à supporter avec la plus terrible vie de malade la réprobation qu'on réserve à un simulateur ». Pour être cru, il en rajoute. Son acuité visuelle baisse, et il se dit aveugle. Son élocution s'embourbe dans l'abus de barbituriques, il a perdu la parole. Vertiges du datura, et il est paralysé. Cet état d'esprit, les médecins experts le connaissent bien, eux qui dénomment « sursimulateurs » ces personnes qui, craignant le refus de reconnaissance de leur handicap, en rajoutent, jusqu'au risque de laisser croire qu'ils n'en ont aucun, ce qui n'est pas le cas. Dans le cas de Proust d'ailleurs, comment nier qu'à cette époque, il est véritablement « aveugle » (il ne voit plus personne), « aphasique » (il correspond avec Céleste par des billets), « paralysé » (il ne quitte plus son lit). Parce que tel était le prix à payer pour écrire la *Recherche* : il lui a fallu devenir aveugle, aphasique et paralytique.

Proust a cherché et trouvé une explication à cette apparence de bonne santé que les autres s'obstinaient à lui trouver. Si la Berma, la grande diva, a pu remonter sur scène malgré sa maladie, nous explique son Narrateur, c'est grâce à ces « habitudes » qui « permettent même à nos organes de s'accommoder d'une existence qui semblerait au premier abord ne pas être possible », mais qui permettent à la Berma de donner « au public, l'illusion d'une bonne santé ».

Cette hantise d'être pris au sérieux, je la connais bien : elle habite toujours les asthmatiques d'aujourd'hui. La variabilité de l'asthme est telle, qu'un asthmatique peut avoir passé une nuit infernale et respirer quasi normalement dans la matinée de consultation consécutive. Malheur au médecin assez imprudent pour nier la réalité de l'asthme : une admission aux urgences en crise gravissime pourrait le ridiculiser la nuit suivante. Lorsque, au moment d'une consultation, je n'entends aucun râle en auscultant ces asthmatiques, ceux-ci ne manquent pas de le déplorer : « Je regrette, Docteur, que vous ne m'ayez pas vu cette nuit, vous auriez su ma détresse. » Et j'ai beau les rassurer, leur dire que je les crois et ne doute pas de leur souffrance, ils persistent dans cette crainte d'incrédulité. Donner acte à l'asthmatique de son asthme est donc une démarche essentielle.

Rencontrer un auteur totalement satisfait de son éditeur est une éventualité assez exceptionnelle, mais quand l'écrivain Marcel Proust se plaint de Gaston Gallimard, son second éditeur, c'est un véritable feuilleton, qui a fait l'objet de l'édition d'un volume complet.

Proust fut constamment jaloux de la bonne santé de Gaston Gallimard, et pas seulement de sa santé physique, mais de son dynamisme, de sa réussite, de sa boulimie, bref de sa joie de vivre. Comme Jacques Rivière, dans son roman *Aimée*, jalousait l'aptitude de son ami Gallimard au bonheur et à la vie, Marcel Proust jalouse la santé floride de Gaston Gallimard : « Je maudis mon corps qui ne m'apporte qu'une incessante souffrance et j'envie le vôtre qui sait cueillir le plaisir. »

Lorsqu'il reproche à son éditeur de ne pas

s'occuper assez de la diffusion de ses livres, le grief est sous-tendu par son identification à son œuvre, sa seule richesse dans la pauvreté physique et morale de sa vie précaire. Ses lettres, émouvantes de sincérité, expliquent que la dévotion portée à ses livres est la seule compensation à l'expansion refusée à son être : « D'autres que moi et je m'en réjouis, ont la jouissance de l'univers. Je n'ai plus ni le mouvement, ni la parole, ni la pensée, ni le simple bien-être de ne pas souffrir. Aussi, expulsé pour ainsi dire de moi-même, je me réfugie dans les tomes que je palpe à défaut de les lire, et j'ai à leur égard les précautions de la guêpe fouisseuse sur laquelle Fabre a écrit les admirables pages citées par Metchnikoff et que vous connaissez certainement. Recroquevillé comme elle et privé de tout, je ne m'occupe plus que de leur fournir à travers le monde des esprits, l'expansion qui m'est refusée. »

Les post-scriptum des lettres de Proust sont parfois plus instructifs que la lettre elle-même. Ainsi, après une sempiternelle récrimination contre la publicité insuffisante pour *Sodome et Gomorrhe II* et le montant des droits d'auteur, il contredit Gaston Gallimard qui lui disait son sentiment de mener une vie « niaise » : « Vous me faites beaucoup de peine », lui répond Marcel Proust. Votre vie, elle est « superbe ». Au contraire de moi qui ne jouis de rien parce que « des souffrances physiques constantes » me privent même « du plus léger plaisir », non seulement vous avez une bonne santé, mais vous êtes un sage qui prend du Vittel. Le bonheur, continue Proust, se dérobe à ceux qui le recherchent, « il coule à pleins bords chez ceux qui [...] vivent en dehors d'eux pour une idée. Il ne faut pas, souligne-t-il, tabler sur mon cas qui est une pure exception ». Qu'il qualifie de monstrueuse : « Quelqu'un qui mène ma vie et souffre sans cesse, est presque un monstre. » Pas monstrueux, précise-t-il aussitôt, de méchanceté, car il se défend souvent d'être méchant. Non, la monstruosité de sa vie, c'est son inhumanité, celle d'un homme que la maladie a rendu radicalement différent des autres.

Les relations de Proust et Gaston Gallimard se sont établies dans un mixte permanent de propos agressifs (parfois carrément désobligeants) et de protestations d'amitié, dont témoigne leur abondante correspondance, qui accumule tous les griefs possibles entre auteur et éditeur. Fautes typographiques, correction des épreuves, traductions, les motifs d'insatisfaction ne manquent pas. Il est vrai que le traducteur anglais était en train d'intituler *A la recherche du temps perdu* : « Souvenirs du passé ». Le sujet le plus brûlant est celui des droits d'auteur. Proust ne s'embarrasse pas de nuances : il accuse carrément Gaston Gallimard de malhonnêteté en lui reprochant de « spéculer honteusement » sur ses premières éditions. Alors qu'à la *NRF* tous, de Gallimard lui-même jusqu'à Jean Paulhan et Jacques Rivière, s'efforcent de satisfaire ses vœux et de hâter la sortie de ses livres, Proust lui écrit : « Je suis très dans des idées noires parce que je me demande [...] si je n'ai pas été depuis quelques années le cocu de la *NRF*. Heureusement — ou malheureusement — ce sont des cornes qu'on ne peut pas porter. »

Gallimard ne sait plus que faire ou dire pour stopper les accusations et convaincre Marcel Proust de sa bonne foi : « Je ne veux ni ne peux entrer décemment dans le détail de la discussion que vous ouvrez, répond Gallimard. Elle me peine infiniment parce qu'il ressort de tout cela que vous semblez nous manifester un manque de confiance absolu et nous considérer comme des marchands marchandeurs et marchandant que, seule, une espèce de vénalité guiderait [...]. » Et Gaston Gallimard, encore étourdi de cette basse accusation, proteste de sa parfaite bonne foi, ajoutant que s'il était malhonnête il pourrait, à l'exemple de certains confrères moins scrupuleux, multiplier les premières éditions. « Je vous avoue qu'ici, plutôt que de consentir à de pareilles pratiques, nous préférerions aller élever des moutons au Texas. »

Cette page tournée, voici encore un motif de lamentations : Proust estime que Gallimard néglige la promotion de ses livres. Il a envoyé Marie, la sœur de Céleste, puis Odilon (« un homme intègre et absolument incapable de mentir ») chercher ses livres dans diverses librairies et ils ne les ont pas trouvés. Il a aussi envoyé (vraiment ?) son frère Robert faire les kiosques de gare pour demander *Sodome et Gomorrhe*. Et ce « frère, chirurgien qui m'aime bien », a trouvé partout le livre de Morand, mais jamais le sien. Et son frère lui a (aurait) dit : « Tu peux te vanter d'avoir un éditeur qui ne fait pas un sou de publicité pour tes livres. Et [...] je ne [te] comprends pas de ne pas t'en plaindre. »

Ce propos, Proust l'a probablement prêté à son professeur de frère, car je ne vois pas celui-ci courant les gares pour vérifier la présence de *Sodome* aux présentoirs ! Gaston Gallimard s'étonne néanmoins qu'un « homme de science » ait porté sur lui un tel jugement et renvoie la balle dans la famille médicale, en estimant que cette sorte d'affirmation n'est pas plus pertinente que celle de dire d'un chirurgien « celui-ci sauve tous ses opérés. Celui-là les tue... ». A la pensée que Gaston Gallimard puisse convoquer son frère pour lui démontrer sa publicité, Proust prend peur et précise que Robert, très calme avec lui, n'est pas aussi patient avec les autres et pourrait créer des incidents « au moment où nous cherchons, vous et moi, à consolider notre affection »...

Affection... voilà le grand mot !

Après avoir longuement exprimé ses rancœurs, il ne faut pas oublier de se faire aimer. Dans les trente-cinq lettres de Marcel Proust à Gaston Gallimard durant sa dernière année, 1922, les formules de début et de fin sont significatives. En début de lettre, il sert à son éditeur du « Mon cher Gaston » (31 fois) ou plus rarement « Cher ami » (4 fois). Mais du mois de janvier à sa mort, les formules finales commencent par « Ami » et « amitié » (9 fois) en janvier-février, évoluent vers « Affection », « affectueux » et « affectueusement » qui deviennent ensuite majoritaires (17 fois), pour finir, quand approche son issue fatale, par les « tendre », « tendrement » (4 fois) et « de tout cœur » (2 fois).

Quel est l'auteur Gallimard qui terminerait aujourd'hui ses lettres au patron de la rue Sébastien-Bottin : à Antoine Gallimard « reste acquise la tendre affection de... » !

PNEUMOCOQUE ET VIRUS

« *M.M.W.R.* »

Les épidémies fascinent l'épidémiologiste parce qu'elles débutent toujours à la manière des romans policiers « serial killers ». Meurtres en série. L'une des épidémies les plus redoutables du genre humain, née sous nos yeux dans les années 1980, a renouvelé le scénario.

Un crime, deux, trois, une série, sont commis dans une ville. Mêmes circonstances, même type de victimes, même arme du crime : probablement un même assassin. Mais cet assassin est insaisissable, parce qu'il est rusé, sans doute pervers. Son portrait-robot ne ressemble pas aux suspects habituels. Ses méthodes déjouent celles des plus fins limiers à ses trousses. La série de crimes s'allonge malgré les déploiements de police, mais on ne parvient pas à identifier le coupable. Il est là pourtant, dans l'ombre, impossible à appréhender tant qu'on n'aura pas su entrer dans son jeu criminel.

Au congrès annuel de l'Académie américaine d'allergie et immunologie, le Pr Warren Winkelstein nous rappelle comment l'épidémie est sortie de l'ombre. Sur l'écran, il projette la une d'un journal médical, au titre singulier : *M.M.W.R.*, intitulé du bulletin hebdomadaire du Centre de contrôle des maladies d'Atlanta (*Morbidity and Mortality Weekly Report*). Le sommaire du numéro du 5 juin 1981 est assez routinier : La dengue de type 4 chez les Américains rentrant des Caraïbes; Surveillance de l'intoxication au plomb chez les enfants de l'Utah; Mesures de quarantaine. Et puis, en page 2, dans « Notes épidémiologiques et Rapports », un titre bizarre : « *Pneumonies à pneumocystes. Los Angeles.* Entre octobre 1980 et mai 1981, cinq jeunes hommes, tous homosexuels actifs, ont été traités pour une pneumonie à *Pneumocystis carinii*, confirmée par biopsie dans trois hôpitaux différents de Los Angeles, Californie. Deux sont décédés. Tous les cinq avaient une candidose muqueuse et une infection à cytomégalovirus. Voici leurs observations... »

Voilà le début du roman policier. Une ville de Californie. Les victimes : cinq hommes jeunes, dont deux décédés. L'arme du crime : un parasite qui, naturellement présent dans l'environnement humain, n'envahit jamais le poumon normal. Qui est le coupable?

Dix ans plus tard, les Editions du Seuil publieront *Cytomégalovirus*, intitulé d'une autre arme du même criminel. Ce CMV, de la famille des Herpes Viridae, laisse, comme le pneumocoque de Proust, la trace de son passage chez 50 % des individus sains, soulignant la fréquence des infections inapparentes. Mais ce virus est assez pathogène pour rendre aveugles certains autres, comme l'auteur du livre, Hervé Guibert. Et lui, connaît le coupable. Il sait que le CMV est opportuniste, invasif chez les malades immuno-déprimés par un autre virus identifié plus tard, le VIH.

Pourquoi, allez-vous dire, nous parler maintenant du SIDA avec l'asthme de Proust? Ici, je dois faire la confidence discrète de la rencontre qui m'a mis sur la voie de ce rapprochement. Pendant la rédaction de ce livre, je visitais, aussi souvent que me le permettait l'éloignement de nos deux villes, un ami sidéen, que je ne savais pas particulièrement proustien. Or, je remarquais, dès mes premières visites, que parmi les piles de livres encombrant ses tables de chevet, les « Pléiade » et *Correspondances* de Proust étaient majoritaires. Je découvrais un proustien érudit, préparant un essai sur l'auteur, et mes visites, plus amicales que médicales, se terminaient par des dialogues fervents sur l'écrivain et son œuvre. Lorsque j'allais chez lui, je le trouvais toujours en train d'écrire, malgré sa fatigue extrême, qui le confinait à son lit. Un soir où je le vis particulièrement épuisé, je lui suggérai très doucement d'arrêter, de se reposer, il reprendrait après la rémission des complications. « Je fais comme Proust, me répondit-il. Comment voulez-vous que je m'arrête ? Il ne me reste plus que ça : essayer de finir avant de mourir. » Adossé à sa pile d'oreillers, il ressemblait, avec la pâleur de son visage décharné, sa barbe noire et le cerne de ses yeux, au Proust de l'ultime portrait par Dunoyer de Segonzac.

Le parallèle entre l'asthme et le SIDA est plus réel qu'il ne paraît. La comparaison scientifique pourrait être à première vue insoutenable, parce que l'immunologie oppose diamétralement allergiques et sidéens : les uns sont si hyperréactifs qu'ils réagissent trop (et inutilement ?) contre des non-agresseurs (chat, platane, céleri), tandis que les autres sont incapables de le faire contre de vrais agresseurs (virus, bactéries, champignons et parasites) qui les tuent. L'allergie a les apparences d'une exubérance d'énergie appliquée à des combats inutiles, un excès de vitalité (qui éviterait aux asthmatiques des cancers (?), alors que le SIDA est une faillite de cette énergie vitale à défendre le soi contre le non-soi. Les deux maladies associent pourtant beaucoup d'analogies. Médicales d'abord : l'asthme n'est pas une maladie à virus..., mais les virus de la première enfance le déclenchent souvent. L'asthme n'est pas mortel (on le dit même brevet de longévité...), et pourtant l'asthme négligé tue. Proust a été consumé par son régime autant que le VIH décharne ses victimes et c'est un affaibli que le pneumocoque a envahi. Pneumocoque devenu — à l'image du VIH — de plus en plus menaçant : *Alerte au pneumocoque!*, titrent les journaux médicaux. Après avoir été la proie facile des pénicillines, cette bactérie (rebaptisée depuis Proust : *Streptococcus* — au lieu de *Diplococcus — pneumoniae*) résiste souvent aux antibiotiques et une zone rouge de 40 % à 70 % de résistances affecte dangereusement l'Europe du Sud, où la septicémie à pneumocoques de Proust est l'une des complications fréquentes du SIDA.

Au-delà des microbes, l'humain. Si les efforts d'information ont fait beaucoup évoluer mentalités et comportements, SIDA est encore trop souvent synonyme de peste. Asthme? Le mot demeure tabou. Proust, qui n'ignorait pas que son enfermement finissait par paraître suspect, éprouva le besoin de protester : malade certes, mais pas contagieux, en un temps où l'on avait vite fait de soupçonner les asthmatiques d'être aussi tuberculeux ou syphiliques.

La peur qu'inspire (bien malgré lui) le sidéen

le condamne à sa solitude, souvent accrue de la dissimulation de sa maladie aux siens. Proust a fini en solitaire : « Moi, l'étrange humain qui, en attendant que la mort le délivre, vit les volets clos, ne sait rien du monde, reste immobile comme un hibou et, comme celui-ci ne voit un peu clair que dans les ténèbres. »

Petites causes, grands effets : une seule transfusion sanguine, un seul contact infectant avec un petit virus, et voilà le constat effrayant : séropositif. Quelques particules atmosphériques de moisissures, et voilà dans les années 1920 l'enfer d'un asthmatique.

En scrutant ces notions d'espace et de temps chez Proust, s'est donc imposé à moi ce rapprochement entre lui et les écrivains du SIDA. Le SIDA place ses malheureuses victimes dans la situation atroce d'une mort annoncée. L'asthme, avec ses crises de souffle coupé, rappelle sans cesse à l'asthmatique sa mort programmée. Cette menace est évidemment le propre de l'homme, puisque chacun « porte sa mort en soi, dit Rainer Maria Rilke, comme le fruit son noyau ». Mais l'asthmatique met cette mort en scène dans son corps. Il mime sa mort dans chaque crise, qui lui en rappelle la menace nuit et jour jusqu'à l'obsession.

Différence des maladies, similitude des réactions, identité du combat, celui, éternel, de l'humanité en gésine confrontée à son destin. Chaque fois que Sisyphe, écrira Albert Camus, remonte son rocher au sommet, il est supérieur à son destin. Comment réagit à ce destin l'asthmatique Marcel Proust? Il fait la course d'écriture contre la mort, parce qu'il veut achever à tout prix sa *Recherche du temps perdu*. Enfermés dans l'espace clos de leur maladie, autant que Proust dans sa chambre de liège, les sidéens sont confrontés au temps mesuré. Les écrivains du SIDA combattent la mort avec leurs mots. Tant qu'on écrit, on est vivant. Tant que les autres vous lisent, ils vous savent en vie. André de Richaud (incapable de payer sa chambre à Céleste Albaret, devenue après la mort de Proust hôtelière rue des Canettes) a intitulé son dernier livre : *Je ne suis pas encore mort.*

Comment écrire une maladie aussi atroce que le SIDA? Il est difficile d'en bien parler. Il y faut beaucoup de respect, pudeur, mesure et discrétion. Les mots, les phrases, le style doivent être à hauteur de l'horrible. Qui, mieux que les écrivains qui en sont morts, pouvaient en parler avec plus de pertinence? Observateurs et chroniqueurs du cheminement en eux de la mort lente, sujets et objets, ils ont su dire et distancier — sans évidemment l'oublier — la réalité de leur condition.

Une littérature singulière est née du SIDA.

Déjà plus abondante que celles issues des autres épidémies, tuberculose ou syphilis, elle ne propose pas encore un chef d'œuvre du niveau de *La Montagne magique.* Ses auteurs, note Dominique Fernandez, écrivent des journaux-témoignages et « bricolent en hâte un bout de texte avec ce qui leur reste de vie ». Cette littérature, souligne Frédéric Martel, c'est aussi une façon de dire comment le SIDA vient « compliquer le monde blessé et déjà tragique intrinsèquement de l'écriture ». L'œuvre la plus connue est celle d'Hervé Guibert, très médiatisé avant la maladie pour ses romans et photos, davantage après pour ses titres choc. La plus bruyante, émotionnelle et controversée, est celle de Cyril Collard, dont *Les Nuits fauves*, écrites et filmées, ont suscité la polémique de la révélation du diagnostic. Les premiers écrits datent de 1987 : Guy Hocquenghem est demeuré discret, incluant son SIDA dans la fiction d'*Eve*, son dernier roman, tandis qu'Alain-Emmanuel Dreuilhe (*Corps à Corps* : *journal du SIDA*) aborde spécifiquement le sujet. Pascal de Duve, jeune professeur de philo, sachant ses jours comptés, a passé ce qui lui restait de vie sur un bateau bananier France-Antilles, et écrit dans son journal de bord, *Cargo-Vie*, de belles pages d'amour, de haine et de vie. Christophe Bourdin nous a proposé de le suivre (*le Fil*) dans le parcours d'un séropositif de 20 ans.

Gilles Barbedette, enfin, nous a laissé dans ses *Mémoires d'un jeune homme devenu vieux* un témoignage poignant : journal de bord, compte et décompte de fièvres et lymphocytes, ce journal de l'au-delà aussi est une méditation sur la vie et la mort. En miroir, le livre de son ami, René de Ceccatty, *L'Accompagnement*, observe de l'extérieur ce malade et sa maladie le long d'un cheminement quotidien avec Hector Bianciotti et d'autres, qui l'ont entouré d'une sollicitude exceptionnelle, jamais rebutée par l'agressivité et les vicissitudes.

Je n'aborderai pas le thème du SIDA au théâtre, illustré par Bernard-Marie Koltès, Raul Damonte (connu sous le pseudonyme de Copi), et Mohamed Rouabhi. Mais je voudrais souligner qu'aussi différents fussent-ils avant leur maladie, les écrivains du SIDA présentent d'essentielles analogies.

Le temps accéléré

Que certaines maladies accélèrent le temps, c'est une évidence. Mais c'est particulièrement vrai de l'évolution rapide, inexorable et fatale du SIDA. Peut-on résumer mieux cette fatalité que par la formule choc du photographe-écrivain Hervé Guibert, qui accuse son SIDA de lui avoir fait faire « un zoom-avant brutal à travers le temps »? Le SIDA, c'est donc le retour « à la mort "jeune" » (après Arthur Rimbaud, Raymond Radiguet ou René Crevel).

Aux grandes et éternelles questions que sont la vie et la mort, ce n'est pas le SIDA qui répond : « La perspective de mourir bientôt, écrit Christophe Bourdin, ne m'a pas donné la clef de ma vie. » Mais le SIDA les aiguise en caricaturant leur processus, qu'il accélère, à la manière de ces films dont la bobine s'emballe au lieu de dérouler son régime normal. Le SIDA et son évolution brévissime réduisent l'espace et le temps.

Son espace, c'est celui du malade, ce lieu de vie qui se réduit de plus en plus, va-et-vient du lit de sa chambre au lit d'hôpital, pour devenir finalement l'hôpital-à-demeure (à Paris, La Pitié-Salpêtrière, Broussais, Bichat-Claude Bernard ou Rothschild). Et à sa fin, la chambre de Barbedette sera aussi étouffante que celle de Proust. Mais l'espace va devenir plus étroit encore que celui de la chambre. La gravité de la maladie empêche le sidéen de s'attacher à autre chose qu'à sa dislocation. Son espace mental, aliéné au « diamant noir de l'obsession » (Dominique Fernandez), se réduit à une seule pensée : lui. « Je n'ai pas réussi à me défaire de moi, souligne Christophe Bourdin. [...] on m'a cloué à ma personne. »

Le temps ? Il est mesuré, jalonné par ces étapes redoutables, désormais connues de tous : séropositivité, lymphocytes CD4, pneumocystose et asphyxie, cytomégalovirus et cécité (« vision de l'œil droit bousillée, écrit Hervé Guibert ; difficile de lire. Ecoute de la musique : pas encore sourd »).

Comme certaines caméras filment au ralenti un phénomène biologique durant plusieurs jours et le restituent en accéléré, le SIDA condense l'histoire d'une vie; outre la mort programmée, il fait brutalement aux jeunes un corps de vieux : « Ai-je trente-cinq ans comme sur mon passeport, se demande Hervé Guibert, ou quatre-vingts comme dans mon corps ? »

Quand Gilles Barbedette, avant de mourir à 36 ans, se demande comment intituler l'un de ses cahiers-journal, il raye tous les titres envisagés (« Le journal de deux amis », « L'histoire de deux amis », « Les amis et la vie », « L'encre noire des pages inachevées », « Les journaux volés », « Les carnets délaissés », « Les journaux entrecroisés », « Les livres séparés »), et sur la page de garde qui porte tous ces titres rayés, il retient : *Mémoires d'un jeune homme devenu vieux*. Lorsque ses radiographies confirment qu'il a deux côtes cassées du seul fait des massages comme cela se voit, dit son kiné, chez les vieillards, il constate sa réalité : « Je suis bien tel un petit vieux fragile, à la merci du moindre microbe. » Le décalage entre ce qu'il est et ce qu'il était il y a quelques mois pose toute la question de l'identité humaine : « Sur ma carte d'identité, j'affiche encore une complicité avec la jeunesse de mes vingt ans. »

Pascal de Duve ajoute aux deux définitions habituelles du vieillissement (l'âge des artères et l'état d'esprit) une troisième : « Etre vieux, c'est ne plus avoir beaucoup de temps à vivre et en être conscient. » Vingt-huit ans, je suis jeune, « sidéen avancé, donc fatalement vieux ».

Cet écoulement accéléré du temps, Hervé Guibert l'analyse lucidement : « Le SIDA m'a fait accomplir un voyage dans le temps, comme dans les contes que je lisais quand j'étais enfant. Par l'état de mon corps, décharné et affaibli comme celui d'un vieillard, je me suis projeté, sans que le monde bouge si vite autour de moi, en l'an 2050. En 1990 j'ai quatre-vingt-quinze ans, alors que je suis né en 1955. Une rotation s'est effectuée, un mouvement giratoire en accéléré, qui m'a plaqué comme une centrifugeuse de foire, et a broyé mes membres dans un mixer. »

L'éphémérité, la fuite du temps insaisissable, fascinent certes tout écrivain, mais constituent des éléments essentiels de la thématique proustienne. A 34 ans, parce qu'une crise d'asthme violente l'a obligé à ne répondre que par des signes à Robert Dreyfus, Proust éprouve le sentiment d'être « déjà un peu un vieux gâteux » et refuse des obligations bancaires à deux ans, car il a « peu de chances de vivre encore ». Comme les sidéens, Proust était interdit de futur. Hervé Guibert observe que son vieillissement accéléré l'a rapproché de sa tante âgée de quatre-vingt-quinze ans, et malgré soixante ans de différence, les a réunis dans l'impotence. Ils ont tout pour se comprendre, devenus identiques par le corps et la pensée dans l'expérience du très grand âge. Il a également dépassé ses parents, devenus ses enfants, malheureux et heureux de connaître dans son corps la condition du vieillard : « Je fonce la tête haute, le dos le plus droit possible malgré la fonte des muscles dorsaux [...], je vacille dans les rues avec mes lunettes noires devenues trop grandes pour mon visage émacié, et je sens plein de bonté dans le regard des gens. »

Faillite de soi, faillite d'Eros. Voudrait-il, ce malheureux, ne pas haïr la sexualité dont procède sa maladie, que son corps décharné lui rappellerait son érotisme enfui : « J'ai maintenant peur de la sexualité, en dehors de tous les empêchements liés au virus, comme on a peur du vide, de l'abîme, de la souffrance, du vertige. Je continue à avoir des émotions esthétiques, ou érotiques, dans la rue, en croisant de jeunes garçons, mais l'éventualité de la sexualité me semble ou impossible ou intolérable. » Sur les marins du bord qu'il appelle « les mâles de mer », Pascal de Duve porte le même regard purement « esthétique qui n'exacerbe aucun désir. C'est étrange, observe-t-il, j'en suis à la fois soulagé et attristé ».

Tout n'est pas négatif, pourtant, dans ce vieillissement accéléré. Ma vieillesse de courte durée, note P. de Duve, « est une espèce de grâce qui, pour ceux qui tâchent de faire face », peut susciter un émerveillement quasi permanent, pour les

« petites et grandes choses de la Nature », méconnues auparavant. « Je vous le révèle : cette année, le printemps enfleurit les arbres de couleurs magnifiques. Je crois bien que c'est la première fois. »

Mais le SIDA est horrible parce que la cruelle déchéance des capacités physiques est rendue atroce par le maintien des fonctions intellectuelles. On s'y sent, écrit Guy Hocquenghem, dépossédé de soi, transformé en chose, en mannequin, « en jouet qu'on éventre et dont les ressorts sautent à la figure de l'explorateur à subir de telles investigations ». Le SIDA, ajoute Gilles Barbedette, réduit la vie à « une bougie qui menace de s'éteindre au moindre courant d'air » ou « une petite lumière qui vacille » et dont le feu, qui le fait tousser et étouffer, finira par le consumer. Pneumocoque ou pneumocyste, mêmes symptômes. Autant que celle de Proust, la pneumonie de Gilles Barbedette provoque des quintes de toux terribles, ses étouffements l'empêchent de parler, il cherche la bonne position pour respirer parce qu'il est bleu d'insuffisance respiratoire, avant d'être emporté par la septicémie. Et pourtant, jusqu'à la fin, exactement comme Proust retouche la *Recherche* jusqu'aux dernières minutes de sa dernière nuit, les écrivains sidéens notent, consignent, corrigent.

Alternant stagnation et complications, l'évolution du SIDA fausse le regard des autres. Est-il si malade ? se demande l'entourage. Suis-je reconnu ? se demande le sidéen. Hervé Guibert remarque comment le regard que lui porte un ami s'est soudainement modifié. Après lui avoir longtemps répété qu'il n'était pas malade, qu'il n'était qu'un geignard, un couche-tôt, un rabat-joie, cet ami se met à le terroriser de conseils de repos. Lorsqu'il en viendra, parfois, à oublier sa maladie, un journaliste le qualifiera de « mourant », tandis que parvenu à l'article de la mort, on lui demandera s'il n'exagère pas « un tout petit peu ». L'évolution capricieuse de l'asthme, qui éteint le souffle à petit feu, a placé Proust, nous l'avons vu, sous le même regard. Gide a avoué dans son *Journal* son incrédulité, avant de lui décerner un certificat de maladie : « Longtemps, j'ai pu douter si Proust ne jouait pas un peu de sa maladie pour protéger son travail [...]; mais hier, et déjà l'autre jour, j'ai pu me convaincre qu'il était réellement très souffrant. »

Lutter contre le temps et la mort

Proust, face à sa cachexie, les sidéens, face à leur mort annoncée, s'agrippent au même rocher : l'écriture c'est le salut, l'écriture c'est la vie.

Les affirmations convergent :

— « Ecrire, c'est résister », note Gilles Barbedette. « Ecrire, c'est vivre ».

— « C'est quand j'écris, souligne Hervé Guibert, que je suis le plus vivant. »

— « Ecrire, persévérer, terminer », affirme Pascal de Duve citant René Char : « Nous n'avons qu'une ressource avec la mort, faire de l'art avant elle » (il rectifie, « avec elle »), et Michel Butor : « Chaque mot écrit est une victoire contre la mort. »

— « Et [...] la littérature est la dernière expression de la vie », écrivait Marcel Proust, favorisée par la maladie, sa « collaboratrice inspirée ».

Au début de la maladie, quand apparaissent ses

premiers symptômes, il y a l'écriture. Et puis, la vie s'en va. Et plus la vie s'en va, plus ne reste que l'écriture, palliatif unique de son absence pour sécréter de la vie et la suppléer enfin. Parce que la maladie désespère de la vie, on ne fait plus confiance à la vie infidèle pour tout donner à l'écriture, ultime vérité, seule fiable et viable. « Quelle force, demande Barbedette, peut bien pousser celui qui écrit à vouloir défier ce qui le menace à défaut de pouvoir l'ignorer? »

A la défaite des médicaments, à la défaillance du corps renégat, l'écrivain oppose la victoire de l'écriture. Victoire des mots sur la débine de la vie : « Les mots sont beaux, écrit Hervé Guibert, les mots sont justes, les mots sont victorieux, n'en déplaise à David, qui a été scandalisé par le slogan publicitaire : "La première victoire des mots sur le sida". » Attraper, pétrifier les mots, avant qu'ils ne s'enfuient, pour éviter de perdre cette dernière possession. Que resterait-il si, après avoir perdu ses muscles, sa chair, ses yeux et son corps, on en venait aussi à perdre ses mots? « En m'endormant je repense à ce que j'ai écrit pendant la journée, certaines phrases reviennent et m'apparaissent incomplètes, une description pourrait être encore plus vraie, plus précise, plus économe, il y manque tel mot, j'hésite à me relever pour l'ajouter, j'ai quand même du mal à descendre du lit, [...], ramper sur le côté au bord du matelas comme me l'a enseigné le masseur, [...], allumer une bougie, chercher la bonne page dans le manuscrit, perfectionner par un ajout ou une biffure la phrase en question. Sinon, retrouverai-je demain le mot qui manquait ? »

Bientôt, ce n'est plus l'obsession, c'est la fureur d'écrire. Devant la mort qui avance, il n'y a plus qu'à écrire à corps perdu. Pendant les quelques mois qu'a duré l'évolution de sa maladie, Gilles Barbedette écrit deux romans, un récit, un essai, des articles de journaux français et étrangers. Il édite plus de cent livres, prépare pour la Pléiade l'édition des œuvres de Nabokov, traduit trois romans et des nouvelles, rédige enfin ce journal d'un jeune homme devenu vieux. Cette surhumaine gestation d'écriture lui a fait penser au trajet de Proust. Dans son journal, une phrase, deux dates, constat sans commentaire : « Novembre 1908/18 novembre 1922. Quatorze ans d'écriture ininterrompue de Proust. » Est-il plus bel éloge de Marcel Proust que la sobriété de ce constat, admiration profonde d'un travail herculéen que seule a interrompu la mort ? Est-il meilleure évocation du prix payé pour *A la Recherche du temps perdu*.

Au printemps de 1922, sa dernière année, Marcel Proust, le visage tout illuminé de bonheur, aurait dit à Céleste Albaret : « Cette nuit, Céleste, j'ai mis le mot fin. Maintenant, je peux mourir. »

153

L'image de l'écrivain qui se laisse mourir, épuisé, parce qu'il considère son œuvre achevée, est évidemment très belle, mais ressemble assez à une image d'Epinal. Flaubert avait d'ailleurs affirmé déjà : « Ce n'est jamais fini ! » C'est vrai que Proust éreinté est satisfait de voir son œuvre enfin reconnue. Mais à observer la vigueur avec laquelle il harcèle Gaston Gallimard et Jacques Rivière, avec quelle énergie, malgré la fièvre de sa septicémie à pneumocoques, il retouche son œuvre jusque dans sa dernière nuit, on doute qu'il ait jamais considéré son œuvre comme achevée.

N'y aurait-il pas « quelque héroïsme, se demande Barbedette, à vouloir écrire dans les pires conditions de la vie » ? Et il répond aussitôt : « Ecrire, c'est affirmer — jusque dans la forme des lettres ou le style — le caractère singulier et unique de l'existence. »

Ecrire sa condition humaine, souffrante ou glorieuse, révoltée ou sereine, n'est-ce pas la richesse accessible aux pauvres de la vie que sont tous les mortels ? N'est-ce pas aussi la revanche, dérisoire et magnifique, désarmée et triomphante, sur l'adversité qui vous terrasse ? « Vous avez la santé, moi je n'ai que mes livres », disait Marcel Proust à Gaston Gallimard. « Oui, j'écris et je veux écrire, dit Barbedette, pour continuer à donner un sens à mes jours. Et puis j'ai le sentiment de toujours vivre, de devoir venger, célébrer mes morts tant aimés. Qui pourrait le faire à ma place ? »

L'écriture, c'est la propriété ultime, la seule dont personne ne puisse vous dépouiller. A bout d'arguments avec une infirmière qui le malmène, Gilles Barbedette lui lance naïvement qu'il aura « trois colonnes de nécrologie dans le journal », ce qu'elle n'aura jamais. Et tout aussi naïvement, il charge ses amis écrivains de décrire plus tard sa lutte contre le SIDA et sa fin qu'il considère inédites en littérature. L'écriture, c'est aussi une façon pour lui de maîtriser son chaos, ordonner son désordre, étendre sur soi un manteau protecteur : « Mon Dieu, j'ai tellement peur pour ma santé, parfois. Peut-être que mon roman me protège. Je crois étrangement au pouvoir protecteur des livres, à la vertu curative de la littérature. Convaincu, même, que la "vie de l'esprit" est la meilleure garantie de la vie corporelle, sa meilleure amie. » Malheureusement, la biologie et ses lois implacables se moquent bien de l'âme et de sa transcendance ! L'impitoyable virus du SIDA, c'est l'éléphant dans le magasin de porcelaine du génie créatif. « La vie n'aime pas l'art », ajoute-t-il, et en cela, elle se venge bien de l'art, dont la meilleure partie « est celle qui veut ignorer la vie ou la transmuer en autre chose ».

Ce n'est pas par hasard si le SIDA a décimé tant de créateurs, artistes, danseurs, stylistes et designers. Ces écrivains brillants, auréolés de leur appartenance au Paris des arts, souligne René de Ceccatty, « n'étaient plus que des corps détruits, des visages défigurés [...], des maisons sans porte ni fenêtre où s'engouffrait le vent chargé de germes... Il n'y avait plus ni intérieur ni extérieur ». Mais à un certain stade de la maladie, l'écrivain, déçu par la vie, s'en détourne. Hervé Guibert, qui de Paris ou de l'étranger, était toujours suspendu au téléphone pour connaître son taux de T4, clé de la délivrance d'AZT, n'en espère plus rien. Le taux de T4 qui va et qui vient, descend et remonte, « est une illusion à laquelle le malade se raccroche comme à un hameçon ». Quand il n'a presque plus de T4, le malade s'en contrefiche parce qu'il rase la mort d'aussi près que le pilote perdu voit son avion frôler la montagne. « Je ne veux plus savoir où j'en suis, je ne le demande même plus au médecin. »

Dès lors, la maladie meurtrière est à la fois concrète, extrêmement présente dans le corps, mais assez distanciée pour devenir un thème, de roman ou de journal. Dès lors, elle est bien finie, dans le roman du SIDA, la sacro-sainte distinction, le dédoublement obligé entre l'auteur et l'œuvre.

Les écrivains d'avant SIDA faisaient endosser leurs maladies à leurs personnages. La dire soi-même, ça ne se faisait pas : Proust l'a confiée à son Narrateur. Comment perpétuer la stratégie du dédoublement, lorsque l'objet, le seul thème du livre, c'est sa maladie et son évolution ? Lorsque le matériau du livre, c'est précisément son trajet accéléré vers la mort, qui donne le sursaut d'énergie et la passion d'écrire ? Le livre du SIDA, ce n'est plus un roman autour de la tuberculose (*La Dame aux camélias*), ou de la syphilis (Barbey d'Aurevilly pour ses *Diaboliques*). Le malade écrit son corps malade du virus. « VIH, c'est un peu toi qui écris », note P. de Duve, et l'ombre de l'échéance efface ce qu'il dénomme « l'écrivanité » : « Sus aux écrivaniteux, ces nains en sueurs » qui écrivent pour ne rien dire. Lui, il se veut seulement « écrivant ».

La vie et le vivant, j'en suis fanatique, au point d'avoir passé ma vie de médecin à les sauvegarder. Je vénère la merveilleuse harmonie d'un corps de femme, la musculeuse puissance d'un homme, la volupté soyeuse d'une peau, la vigueur d'une jeunesse, réussites de leur Créateur. Mais j'en connais trop la fragilité pour ne pas en soupçonner, au premier regard, la décevante éphémérité. Mon soupçon est une sorte de dépit, grandeur nature par rapport à l'émerveillement initial.

Cela date de mes nécros. Les nécropsies. Qu'un de ses malades soit décédé sans qu'il ait pu faire le diagnostic, ou bien qu'ayant formulé ce diagnostic, il voulût connaître devant nous le triomphe de **sa** confirmation, ou encore qu'il ait besoin du foie, du cœur, ou de tous les viscères pour compléter une série d'observations, le Pr Granloup nous envoyait, nous jeunes externes, faire les prélèvements d'organes qu'il n'avait ni le temps ni surtout l'envie de faire. Les familles y étant le plus souvent hostiles, nous devions effectuer ces nécropsies clandestinement et précipitamment, avant que le corps ne leur soit rendu.

Nous aurions voulu nous débiner. N'importe quoi, plutôt qu'ouvrir le corps de ces hommes ou de ces femmes que nous venions de soigner avec tout notre cœur. On nous disait que c'était indispensable à la pérennité de la fameuse école anatomo-clinique française. Seules, je crois, la verdeur de ma jeunesse et ma santé de fer, remparts de mon sentiment d'immortalité, me permirent d'accomplir ces horribles tâches. Et toujours habité de cette conviction farouche que la mort n'arrivait qu'aux autres, je découvrais cette fragilité de l'humain et de la vie, inimaginable par ceux qui n'ont pas vu ce que j'ai vu. Ceux qui n'ont pas compris que quelques microbes ou virus faisaient en quelques jours (voire quelques heures) passer ces corps superbes des splendeurs de la vie vivante à de pauvres viscères gisant dans le formol au fond d'un seau hygiénique.

Mais les mots, en revanche, quelle vitalité ! Les mots et leur importance essentielle, je les ai découverts beaucoup plus tard. Lorsque j'ai compris que soigner, ce n'était pas seulement palper, ausculter, ponctionner ou ordonnancer, mais dire les mots. Ces mots, que beaucoup déplorent usés, élimés jusqu'à la transparence, qu'on accuse aussi, pour certains d'entre eux, je le sais, d'être assassins, et sans doute en ai-je parfois prononcé.

Mais que de mots de vie ! Des mots qui donnent, font, rendent la vie ! Des mots clairs, simples, forts, directement parlés de vos yeux dans les yeux de l'autre :

Vous me dites votre souffrance : je la crois.

Votre maladie, c'est vous et votre vie, privée de sens.

Vous êtes malade parce que vous n'aviez pas le choix.

Vous valez tellement plus que la vie qui vous est faite.

Vous mériteriez cet amour que vous n'avez pas.

Votre maladie, essayez d'en vivre.

Propos de complaisance? Simagrées? Illusions? Gratifications bon marché du médecin pour s'entendre dire qu'il est bon? Non. C'est sérieux. Opératoire. Car j'ai vu ces mots allumer des regards, mouiller des yeux, effacer des rictus, détendre des corps, ouvrir des espérances. « Tu es Pierre et sur cette pierre... » Voilà le type de mots qui ont changé, transcendé l'humain, mieux que tous les dopants ou stimulants ne le feront jamais. Et jamais aucun homme n'a parlé des mots pareils. Des mots qui révèlent l'être à ce qu'il est en vérité : « Plus est en toi. »

Et moi médecin, pourquoi ai-je ce besoin des mots? Pour comprendre et donner sens? Des amis médecins me prennent volontiers, sans le dire, pour un écrivain rentré et, inversement, des écrivains estiment peut-être que je ferais mieux de me limiter à la médecine. Pourtant, aussi médecin que je sois au plus profond de moi, la technique médicale ne me suffit pas. J'ai besoin de ces surdoués de l'introspection et de l'expression que sont les écrivains. Dans le cartable que je trimbale dans les avions, trains ou bus, le *Journal of Allergy and Clinical Immunology* voisine avec la correspondance de Proust.

Moi aussi, j'ai mes paperolles, pages de carnets, notes de voyage, que je perds, retrouve et que colle une Céleste. « Ne pas oublier » y concerne aussi bien le scanner d'un malade que telle phrase essentielle de Marcel Proust ou Paul Valéry. Le mélange dénonce mon temps atomisé, ma réflexion découpée en urgences, mais les deux vont bien ensemble et, autant que je puisse en juger, mes malades s'en portent plutôt mieux.

La masse des souffrances pourtant, finit par accabler. Certains jours, il me donne la nausée, Marcel Proust, avec ses centaines de lettres, récriminations à Gallimard, sollicitations aux amis, ou déclarations d'affection, invoquant l'asthme ou la fièvre pour justifier l'écart entre ses propos et la réalité. De l'asthme et des asthmatiques aussi, je suis parfois lassé. Autant que d'écrire sur l'asthme livres et éditoriaux. J'ai même occupé le terrain de Linossier avec *Food Allergy and Asthma*. J'ai tenté de mettre, dans l'asthme, plus d'humain. De le comprendre mieux, grâce à quelques phrases lumineuses de Paul Valéry, Raymond Queneau ou Marcel Proust. Mais lorsque je veux en faire profiter des lecteurs étrangers, l'anglais ne leur réussit pas. Mon ami, le Pr Jack Pepys, qui a fait l'effort de lire Proust dans La Pléiade, dictionnaire en main, reprend la traduction anglaise habituelle de *A la Recherche du Temps Perdu* par *Remembrance of Things Past* et *Du côté de chez Swann* par *At Swann's Home*.

Si je reviens pourtant à l'asthme, c'est qu'il y a toujours mieux à dire et plus profond à descendre dans l'humain. Tirer quelque chose du néant n'est pas une spécialité d'écrivain : Van Gogh peignait pour « mettre le chaos dans son bocal ».

Au bout du temps

Il y a la mort, inexorable destin de l'homme sexué, cet éternel naïf toujours déçu dans son rêve infantile d'éternité, déçu de la science (qui bientôt saurait tout), de la médecine (qui guérirait tout), et auquel le SIDA a imposé un effroyable arrêt sur l'image, ou plutôt la marche arrière d'une image de la médecine triomphante. L'*Homo scientificus*, victime de l'infiniment petit, un virus ! Aujourd'hui SIDA, demain d'autres fléaux. Certains supernaïfs, craignant d'être en retard sur le futur, s'inquiétaient déjà de ce que pourraient bien faire les humains pour échapper à l'ennui au-delà de leurs cent ans. Ils avaient omis de lire ce que Charles Nicolle, Prix Nobel de médecine, écrivait en 1932 dans *Destin des maladies infectieuses*, et que les médecins n'auraient pas dû oublier pour éviter d'être étonnés par l'arrivée du SIDA :

Il y aura donc des maladies infectieuses nouvelles. C'est un fait fatal. Un autre fait, aussi fatal, est que nous ne saurons jamais les dépister dès leur origine. Lorsque nous aurons notion de ces maladies, elles seront déjà toutes formées, adultes pourrait-on dire. Elles apparaîtront comme Athéna parut, sortant tout armée du cerveau de Zeus. Comment les reconnaîtrions-nous, ces maladies nouvelles, comment soupçonnerions-nous leur existence avant qu'elles aient revêtu leur costume de symptômes? Il faut aussi bien se résigner à l'ignorance des premiers cas évidents. Ils seront méconnus, confondus avec des maladies déjà existantes et ce n'est qu'après une longue période de tâtonnements qu'on dégagera le nouveau type pathologique du tableau des affections déjà classées.

Etait également dans l'erreur Monsieur Karl Marx qui, se fondant sur les conclusions logiques de ses théories philosophiques (il ne pouvait faire moins!), prédisait que les maladies disparaîtraient avec le progrès social. Le SIDA et les allergies (dites maladies de civilisation) lui infligent aujourd'hui un démenti cruel.

La mort annoncée du SIDA est intolérable à des êtres jeunes : aux promesses d'avenir récusées, s'oppose, violente, la révolte contre un atroce destin. Physique autant que morale, la souffrance disloque. Comment pardonner à ceux qui, aussi affectueux et dévoués soient-ils, vous survivront? Gilles Barbedette se dispute avec son frère et sa belle-sœur venus le visiter, leur reprochant « de ne pas comprendre qu'il n'était plus temps de lui parler du reste du monde [...]. On ne doit plus me parler comme avant ». La souffrance est donc devenue l'unique rapport au monde. Cette souffrance rend méchant. Le ton cinglant, ses exigences tyranniques, l'ont rendu insupportable au dévoué personnel hospitalier : il reproche, invective, querelle, puis conscient d'avoir été injuste et digne cousin de Proust, éclate en sanglots !

« David, écrit Hervé Guibert, m'a dit l'autre jour que j'étais méchant, effroyablement méchant, avec un rictus de méchanceté sur son visage, et devant mon effarement, mes récusations et mon accablement il m'a dit : "Mais tu le sais tout de même, non, que tu es méchant?" » Il est effectivement cruel avec ses parents : « Ma mère m'a pleurniché dans l'oreille ce matin, je l'ai rabrouée. Elle devait sentir ma mort venir, elle a craqué. Non mes chers parents, vous ne récupérerez ni mon corps malade, ni mon cadavre, ni mon fric. Je ne viendrai pas mourir dans vos bras comme vous l'espérez en disant : "Papa, Maman, je vous aime." [...] Vous apprendrez ma mort dans un journal. »

Proust a souvent été injuste avec ses amis.

Moins d'un mois avant sa mort, il a été méchant avec le plus dévoué, le plus admiratif d'entre eux, Jacques Rivière, fondateur de la *NRF*, celui qui avait dit : « Ce sera un jour un honneur d'avoir publié Proust » et qui lui avait dédié ainsi son premier roman, *Aimée*, publié chez Gallimard le 1er novembre 1922, trois semaines avant la fin de Proust :

> « *A Marcel Proust,*
> *Grand peintre de l'amour,*
> *Cette indigne esquisse*
> *Est dédiée*
> *Par son ami*
> *Jacques Rivière.* »

Proust s'était lui-même dévoué à Jacques Rivière : il s'était habillé et était sorti de sa chambre — ce qu'il ne faisait plus depuis longtemps — pour participer au jury du prix Blumenthal et lui faire obtenir les 12 000 francs si nécessaires. Il s'était aussi démené pour recommander son roman aux jurés du prix Balzac. Echec : c'était un « prix Grasset », que Proust avait délaissé pour Gallimard, et il fut partagé entre Jean Giraudoux pour *Siegfried et le Limousin* et E. Baumann pour *Job le prédestiné*.

Dans ses derniers jours, Proust, épuisé par son travail acharné et l'insuffisance respiratoire, se perdait dans des modifications sans fin de ses textes, donnait au malheureux Jacques Rivière des instructions aussi imprécises que contradictoires et s'emportait contre lui qui ne savait plus que faire. Quoique conscient de son état, Proust éprouva le besoin (comme d'habitude) d'imputer à un tiers la cause de ses difficultés et de faire souffrir en blessant : « Vous m'avez trompé en me faisant croire à des corrections dont aucune n'a été faite. Laissez-moi, ma souffrance aujourd'hui va jusqu'à la détresse. » La phrase est aussi belle que terrible. La détresse ? Stade ultime du désespoir. A qui la faire éprouver ? A l'ami le plus fidèle. Conclusion : « Je n'ai plus confiance en vous. » Proust ne pense pas ce qu'il écrit à Rivière (il lui a antérieurement écrit : « Il n'y a personne au monde que j'aime, que j'estime, que j'admire autant que vous »). Mais Rivière, avec sa « sérénité quasi franciscaine » et « sa grandeur d'âme » (Jean Lacouture), s'emploie à justifier le soir même son amitié et plaide sa cause : « Votre lettre me désole. Je ne peux arriver à voir mes torts [...]. Je ne comprends pas pourquoi vous me dites que vous me retirez votre confiance. Si j'ai été maladroit, pardonnez-moi [...]. Je vous serre les mains avec une grande affection ».

Cruels avec famille et amis, comment les malheureux sidéens n'éprouveraient-ils pas du ressentiment pour les médecins, l'équipe soignante et leur institution, l'hôpital, incapables de les guérir? Cet hôpital si inhumain encore malgré ses efforts « d'humanisation » (quel aveu!), comment n'apparaîtrait-il pas plus inhumain qu'il ne l'est, à des êtres jeunes, désespérés, trimbalés de service en service, d'examens en lavages, endoscopies et ponctions?

L'hôpital fait l'unanimité contre lui, injustement assimilé à l'atrocité de la maladie, alors que le virus coupable est paradoxalement peu haï! Aucun mot n'est assez dur pour dénoncer son « obscénité profonde avec son faux air de samaritain et de grand-oncle protecteur. On y respire, écrit Gilles Barbedette *(qui y a longuement tenu la main de son ami décédé avant lui)*, dans un climat de fausse promesse et de rances habitudes. On y survit au prix de quelques concessions et lorsqu'on affiche un désir de partir, c'est tout juste si l'on ne vous voit pas partir la larme à l'œil. »

Hervé Guibert apprécie cependant la douceur maternelle des soignantes, « une armée de femmes qui se serrent les coudes. Les hommes, minoritaires, sont soit chefs soit larbins. »

« Ma haine de l'hôpital, écrit encore Gilles Barbedette, vient de ce que cette institution organise le vol et le rapt de toutes nos passions qu'elle aliène... » Il se souvient comme d'un cauchemar de l'agonie de son ami, décédé avant lui du SIDA : « Ma hargne, ma colère contre le personnel hospitalier, venait de cette sensation qu'ils ne comprenaient rien à Jean [...]. Leurs humiliations, leur mépris devant ce qui résiste à leur savoir, refuse de guérir et excède leur compétence. Leur manque total de prévenance et de tact les disqualifie définitivement à mes yeux. »

Son ami accompagnateur, René de Ceccatty, a des jugements tout aussi durs pour certains membres de l'équipe hospitalière, autant que pour la « bonne sœur visiteuse d'hôpital au sourire glacé de catholique aigrie » que repousse Gilles Barbedette. « Catholiques envahissants, acceptez une bonne fois pour toutes l'idée que vous n'êtes pas aimés ni même supportés [...]. Vous croyez de votre main de cadavre caresser une épaule et vous enfoncez une lame de cristal tranchant dans la chair. » Propos sûrement mérités par les distributeurs de foi et sacrements, ces catéchistes bardés de certitudes qui ont réponse à tout. Il est heureusement des chrétiens qui tentent d'être avant d'affirmer, il est aussi des sidéens (la majorité) qui n'ont pas la chance de l'accompagnement de René de Ceccatty et Hector Bianciotti. Ceux-là sont assez seuls pour apprécier une présence et une prière partagées. Je connais un être cher qui passe sa vie à ça. A longueur de journée, il essuie les insultes et agressions destinées au Saint-Père le pape et ses affirmations sur le SIDA. Mais il demeure fidèle au poste, tient la main jusqu'au bout et, comme les apôtres aussi démunis que l'infirme qui leur demandait l'aumône devant la porte dorée du Temple de Jérusalem, sa présence signifie implicitement : l'or de la guérison je ne l'ai pas, mais ce que j'ai, moi, je te le donne.

Face à l'échéance inéluctable, seule une lente transcendance de la souffrance peut ramener lentement la bonté, qui est, disait mon ami Joseph Delteil, notre seule revanche sur le malheur. « Moi tout seul, maintenant, écrit Hervé Guibert, j'ai compris et appris la chanson de la bonté. Depuis le vendredi 13 juillet, le jour de la renaissance, où je me suis remis à vivre, grâce au DDI du danseur mort, tout en restant moi-même le cadavre ambulant que j'ai mis des mois à devenir, je ne pourrais pas dire que je suis devenu bon, mais j'ai cru comprendre le sens de la bonté, et sa nécessité absolue dans la vie. C'était le refrain de Robin, qui était en avance sur moi de par son âge, et que j'ai peut-être dépassé par l'expérience de la maladie et par ce zoom avant brutal à travers le temps. »

La maladie, constate Gilles Barbedette, heureux de sentir ce qui est bon en lui remonter à la surface, peut susciter une « générosité surnaturelle » et vous rendre, comme Proust, hypersensible : « Je ne puis plus, à mesure qu'elle se rétrécit dans ma première intimité, considérer l'existence et la vie des hommes avec le regard d'un individu sans problème, c'est-à-dire en bonne santé [...]. Je porte aux nues des choses qui paraîtraient banales ordinairement : la ligne élancée d'un arbre, la beauté enflammée d'un œil bleu, une odeur sèche et tiède de fin d'après-midi qui s'est glissée par l'entrebâillement de la fenêtre. Je suis autrement dit, hypersensible. »

Les écrivains du SIDA jugent les médecins selon leur vécu, mais les qualificatifs se résument à l'alternative du bon ou du mauvais. Le mauvais, pour Gilles Barbedette, c'est celui qui vient à votre chevet parce qu'on l'a appelé mais que vous ne connaissez pas, qui ne vous connaît pas et ne saurait donc parler que médecine. Le bon (Pr Michel Kazatchkine qu'il appellera au secours dans son coma terminal), c'est le « grand professeur », le « seul véritable médecin », l'ami, celui qui s'intéresse autant à l'être qu'à son corps puisque, tel du Boulbon commençant par parler de Bergotte à la grand-mère du Narrateur, il prend du temps pour parler littérature. C'est celui qui est conscient que la tendance naturelle de la médecine est « de priver les gens de leur identité et de n'accepter comme d'authentiques interlocuteurs que leurs organes débiles ».

La relation d'Hervé Guibert avec son médecin hospitalier, Claudette Dumonchel, qui a mal débuté parce qu'il l'a crue désinvolte, froide ou même hostile (« j'aurais pu aussi bien la haïr »), finit dans la complicité entre celle dont ponctions et lavages font souffrir, et celui qui en souffre. Dans ce rapport de forces, entre malade et hôpital, il tenait à se faire respecter : « Ils veulent qu'on perde, ils comptent sur l'usure. » Son père le voulait médecin et lui qui aime par dessus tout, en littérature, « les récits médicaux, ceux où la maladie entre en jeu » (nouvelles de Tchekhov, récits de Boulgakov), estime qu'il n'y a pas, pour un vrai médecin, « de situation plus excitante et plus émouvante que de s'occuper des malades du sida ». Même celle qui semble exercer ce métier « à froid » comme « désensibilisée », fait, affirme-t-il, le plus beau métier du monde.

Il me reste à scruter deux aspects de la fin de vie de Marcel Proust. Deux aspects qui nous le montrent extrêmement humain et abolissent les qualificatifs délicieux que certains se sont crus pertinents de lui décerner dans le passé (« Marcel Proust, c'est le diable » [Alphonse Daudet], « juif sodomite » [Paul Claudel, version masculine] ou « Vieille Juive fardée » [version féminine], « Vieille demoiselle » [André Germain], « Chair de gibier faisandé » [René Boylesve]), sans compter les jugements du présent. Je voudrais évoquer ses relations avec celle qui a accompagné ses dernières années, la servante(-mère), et celle qu'il a rejetée après l'avoir beaucoup aimée, la médecine(-père).

Proust a eu, avec une femme, une relation privilégiée parce qu'elle a été auprès de lui le substitut de sa mère, la femme par excellence, c'est Céleste Albaret.

D'employeur à employée, leur collaboration a rapidement évolué en familiarité, puis en relation complexe et multiple, mère-fils, père-fille, et frère-sœur. Céleste fut sa « mère » puisqu'elle ne le fut pas charnellement du vivant de Proust. (Sa fille Odile ne naîtra qu'en 1925, trois ans après le décès de Marcel, quand mariée depuis 12 ans, elle a 34 ans. Odile est donc une conséquence directe du pneumocoque : « Si Proust n'était pas mort, m'a-t-elle dit, je ne serais pas née. ») Marcel fut donc le fils de Céleste, son petit oiseau fragile aux plumes ébouriffées, « ploumissou » malade, à protéger afin qu'il soit tout à son œuvre, maintenant que le décès de sa première maman tant aimée l'a laissé tout seul. Elle est totalement la mère non désirée, et par conséquent non incestueuse.

Mais ce « fils », Marcel Proust, est également pour Céleste un père : elle est la fille qu'il n'aura jamais. A Cabourg, il l'a prise « par la main comme une petite fille » pour l'emmener au bout du couloir admirer le coucher du soleil à travers l'œil-de-bœuf. Lorsqu'elle s'est rendue à La Canourgue pour les obsèques de sa mère, il écrit à sa nièce une lettre touchante de paternelle affection :

> Mademoiselle,
> Permettez-moi de tout cœur de vous recommander Céleste. Hélas pour son moral personne n'y peut rien; elle ne peut que souffrir et pleurer. Mais qu'au moins elle n'aille pas tomber malade. Vous savez comme elle est délicate et aussi comme elle pense peu à elle. Elle fera encore moins attention à sa santé maintenant qu'elle ne pensera plus qu'à son affreux chagrin. Ayez la bonté d'y penser pour elle; quand vous verrez qu'elle a chaud, ne la laissez pas se découvrir, ou se mettre dans un courant d'air. Qu'elle reste le plus immobile possible.

L'affection mutuelle de Marcel et Céleste fut enfin une complicité d'amour partagé pour leur chère maman respective. « Jamais deux êtres aussi différents de par leurs origines et leur instruction, écrit Julia Kristeva, n'auront été aussi unis dans leur dévouement à la "bonne mère". » Frustrés tous les deux de leur chère maman, ils se retrouvent dans cet orphelinat comme deux frère et sœur vivent dans la dévotion à l'être irremplaçable.

Céleste était issue de la Lozère rurale, mais n'était pas une paysanne. Ses parents, les Gineste, étaient des minotiers aisés et la photo-souvenir des fiançailles montre des messieurs en costume trois-pièces, chemise blanche et cravate sombre, tandis que les dames sont habillées de jupes longues et chemisier à jabot et dentelles. Elle était grande et belle : Mme G. Strauss la dénomme toujours dans ses lettres à son ami Proust : « la belle Céleste ». Sa beauté émanait de la finesse des traits d'un beau visage, surmonté d'un chignon. Mais les photos la montrent dolente, comme si elle rêvait toujours d'un autre destin. Elle ressemblait, a dit Proust, « à la Marquise Lady de Grey ».

Elle n'était pas « montée » à Paris pour se placer comme femme de chambre. Elle y a suivi son mari, Odilon Albaret qui, déjà chauffeur occasionnel de Proust, n'était retourné en Lozère que pour son mariage, « arrangé » par des cousins. Plus tard, le clan des Lozériens a investi la place. Au siècle dernier, lorsqu'un Lozérien ou un Aveyronnais était « monté à Paris », l'éclaireur en attirait d'autres, venant bénéficier de son travail d'implantation. Après qu'Odilon Albaret aura présenté à Proust son épouse, celle-ci introduira sa sœur Marie Gineste et, en 1922, sa nièce, Yvonne Albaret, pour dactylographier *Sodome et Gomorrhe III — La Prisonnière.*

Chez Marcel Proust, Céleste n'a pas cherché à séduire, elle fut séduite et il ne pouvait en être autrement. Imaginez une jeune mariée de 22 ans, débarquée de sa Lozère natale et installée dans un petit appartement de Levallois-Perret. Elle vient d'épouser un brave homme, attachant et intelligent (pressentant l'avenir de l'automobile, il s'est lancé dans le taxi à Paris, et l'été Monaco et Cabourg), mais les photos qui montrent sa tête ronde coiffée de la casquette de chauffeur et sa grosse moustache noire le représentent toujours assis à son volant ou démarrant son moteur à la manivelle, tandis que Marcel Proust lui parle de duchesses et de princesses. Sur les photos où elle pose aux côtés d'Odilon, elle est absente, le regard languide, rêveuse comme une romantique. Dans son trois-pièces de Levallois, elle allait faire de la neurasthénie. Comment va votre jeune épouse? demandait Proust à Odilon. Elle s'ennuie de sa mère, Monsieur! Proust a vite fait le diagnostic : elle languit sa maman! Et comme il a bon cœur... (et n'oublie jamais son intérêt), il se dit qu'il va la distraire. Il l'embauche aussitôt pour porter à domicile le service de presse des exemplaires dédicacés de *Du côté de chez Swann* qui vient de sortir. Mission accomplie.

Elle est recrutée ensuite pour remplacer quelques jours la Céline Cottin malade. Porter des livres à domicile, c'était facile, servir chez Proust, ça la terrorise, d'autant qu'il lui dit d'emblée qu'elle ne sait rien, « même pas parler à la troisième personne ». Céleste a acquiescé : elle ignorait ce que ça voulait dire.

Le personnel en place lui a expliqué son rôle. Pas compliqué, à la condition de respecter deux règles essentielles : se tenir prête, nuit et jour, à bondir dès le coup de sonnette du maître, et respecter scrupuleusement ses rites. Celui de la porte : on n'introduit pas un visiteur ou une visiteuse sans qu'il ou elle ne soit expressément autorisé. Celui du règlement intérieur pointilleux, qui comprend les rites de la préparation du café frais, des boules (bouillottes) d'eau chaude, des caleçons en laine des Pyrénées et des tricots du Dr Rasurel. Le laisser à court de Rasurel est un crime impardonnable. « Céleste m'a avoué, écrit-il à Antoine Bibesco, que la gamme de mes tricots Rasurel était épuisée et m'en a donné un plus mince, je crains fort d'être enrhumé demain [...] avec les compléments asthmatiques [...] cela peut durer plusieurs jours. » Pour toutes ces observances, Proust est tyrannique et il

le sait puisqu'il lui a dédicacé une photo ainsi :
« A Céleste, son tyran détesté », en éclatant de
rire. Mais pour qu'il y ait tyran, il faut une tyran-
nisée. Céleste se prête à la tyrannie et Proust en
jouit, autant que de la peur qu'il suscite chez
elle, désireuse de lui plaire et d'être aimée de lui.
L'intérêt de dresser une servante au dévouement,
n'est-il pas d'ailleurs d'exiger d'elle de plus en
plus? Et si elle envisageait de s'y soustraire,
quelques mises au point, comme l'incident des
draps qui n'ont pas été changés, lui valent un
blâme qui lui ôte l'envie de recommencer.

Intelligente, Céleste a vite compris ce que
Proust attendait d'elle. Elle devait se mettre à son
rythme (totalement arythmique) et elle s'y est
mise. Elle en est arrivée à manquer la messe
dominicale, que sa mère lui avait pourtant recommandé de n'oublier jamais, pardonnée heureusement par une gratifiante absolution : « Céleste,
savez-vous que vous faites quelque chose de bien
plus noble et de bien plus grand que d'aller à la
messe? Vous donnez votre temps à soigner un
malade. C'est infiniment plus beau. »

L'observance des rites était à prendre ou à
laisser. Mais Céleste a compris surtout que derrière les exigences, se cachait l'essentiel : Proust
s'était enfermé dans sa chambre de reclus, afin
de se mettre hors du temps pour retrouver le
temps. Elle a eu l'intelligence de lui faire les

conditions matérielles et psychologiques favorables, et elle a plu. Ce qui a suscité la jalousie des autres envers la dernière venue, celle qu'on sentait avancer vers la première place. Exclue, la Céline Cottin n'a pas manqué de faire à Marcel Proust des scènes de jalousie contre « l'enjôleuse » et la « petite intrigante », jusqu'à ce que, lassé de ces histoires, il la renvoie.

Les amis de Marcel Proust ont repéré les qualités exceptionnelles de Céleste et lui décernent, dans leurs lettres à Proust, des qualificatifs élogieux (teintés peut-être de quelque jalousie). Après Paul Brach qui la dénomme « l'agréable personne », Robert Dreyfus y va de la « belle ambassadrice au noble langage », tandis que Lionel Hauser la qualifie carrément de « la divine Céleste ».

Aux « Madame » du début, Proust a rapidement substitué le prénom :

> Madame Albaret,
> (ou plutôt Céleste, plus ou moins céleste — plutôt moins que plus —) si vous vous trouvez malheureuse là-haut et si la seule raison qui vous fait rester est de ne pas revenir à cause de la scarlatine, ne restez pas à cause de cela. Allez à Levallois, restez-y six jours sans vous lever et le septième jour revenez ici, avec ou sans scarlatine. Adieu, peu céleste et ne vous désolez en aucun cas.

Marcel Proust qui cherche toujours à contenter et n'y réussit jamais.

Proust ignorait manifestement tout de la Lozère et lorsqu'il situe les origines de Céleste « au pied des hautes montagnes du centre de la France », il imagine une contrée perdue, une sorte de brousse sauvage et même malsaine. Oui, malsaine, puisqu'il impute l'obstination de Céleste et de sa sœur à ne rien apprendre, à « leur pays malsain ». C'est sûrement la faute de Céleste. Elle avait dû lui parler du moulin familial et de l'eau qui passait sous la maison, « dévastée plusieurs fois par l'inondation » rapporte Proust. Aller dire ça à Proust, qui avait horreur de l'humidité! Comment n'y aurait-il pas vu du malsain! Pardonnons donc à l'asthmatique Proust cette offense injuste au département dont il n'apprécierait pas davantage, lui qui redoutait le grand air, le slogan actuel : « Lozère, tu m'aères ».

Depuis qu'un Lozérien préside la Région Languedoc-Roussillon, tous ses habitants savent que ce département en est le centre et La Canourgue, sa capitale. Je lui ai dit un jour : « Parmi vos nombreuses réalisations, vous n'avez rien fait pour Céleste Albaret.

— Célestine? (Il la dénomme par son

second prénom, que Proust a raccourci, plus aimable que le premier, Augustine, perdu.)

— Oui, Céleste, native d'Auxillac, commune affiliée à ta mairie.

— Organisez, et je suivrai. »

C'est ainsi que nous avons rendu, un dimanche de juillet, dans la salle des fêtes de La Canourgue, un hommage à Céleste Albaret. Actualité pérenne de Proust! La salle est trop petite pour les proustiens et proustiennes venus de très loin ou habitants de la commune et famille de Céleste. Au premier rang, sa nièce, qui a été sa demoiselle d'honneur. Brillantes conférences d'Anne Borrel, secrétaire général de l'Institut Marcel Proust International et de Bill Carter, professeur de littérature française à l'Université de Birmingham, en Alabama, l'un des biographes de Proust aux Etats-Unis. La salle applaudit ensuite la projection du très beau *Portrait-Souvenir* (Proust par Roger Stéphane, qui a recueilli les témoignages des contemporains, Daniel Halévy, Paul Morand, Jean Cocteau, François Mauriac et... Céleste).

Céleste n'a vécu que huit ans chez Proust, mais son importance et son rôle n'ont pas cessé de croître jusqu'à la fin de sa vie. Elle a commencé à habiter chez lui quand la guerre de 14-18, mobilisant simultanément Odilon et Nicolas Cottin, avait vidé sa maison. Il n'a plus qu'elle, elle n'a plus que lui. Appelée la nuit dans sa chambre, elle arrive vêtue d'un peignoir passé sur sa chemise de nuit, le chignon défait laissant ses beaux cheveux cascader sur les épaules en lourdes nappes. On comprend que Marcel Proust qui la voit arriver ainsi n'ait pas été insensible à sa beauté : « C'est la Joconde », disait-il.

Dans ce mini-théâtre clos qu'est la chambre de liège, elle se tient debout au pied du lit et il lui raconte ses sorties et conversations avec ces personnes mythiques rencontrées et qui la font rêver. Céleste, spectatrice intelligente et, dirait-on aujourd'hui, interactive, questionne, réagit avec son sens paysan des reparties qui amuse Proust, et elle comprend parfaitement, dira-t-elle plus tard, qu'« il se renvoyait la balle sur moi », comme le font certains écrivains avec leur entourage. Ce n'est pas un dialogue, souligne Julia Kristeva : « elle ne fait qu'activer le monologue ». Proust testait sur elle ses idées, et aussi doués l'un que l'autre pour les imitations, ils se livraient ainsi à leur petit jeu favori.

Il finira par lui dédicacer ainsi son portrait :

> *« A ma chère Céleste,*
> *son vieux Marcel. »*

« Son », il est à elle, protégé aussitôt par « vieux », qui introduit la distance de l'âge pour se mettre à l'abri. Un père en quelque sorte, père complice avec lequel on peut plaisanter et même se moquer, sans crainte de fâcher : « Quand nous plaisantions, la spontanéité de ma nature et de mes vingt-trois ans prenait le dessus. Je lui renvoyais ma réplique et comme je sentais à son rire franc que je l'amusais, je m'encourageais à continuer. »

Lui, Marcel Proust, comment voyait-il Céleste ?

Il l'a mise en scène dans une scène de *Sodome et Gomorrhe II*, comme une courrière de l'hôtel de Balbec qui, avec sa sœur Marie, lui rend visite le matin dans sa chambre, bien que cela « ne se fasse pas ». Debout au pied du lit où il est couché, elles font leurs commentaires sur les clients de l'hôtel et sur lui aussi, qui en dépit des usages, accepte leurs visites, et en plus y prend du plaisir. Là, on est évidemment dans le cadre du roman, pour lequel Proust utilisait tous les matériaux disponibles, sans qu'ils soient nécessairement indications du réel, mais certains jugements ou expressions sont trop pittoresques pour être totalement imaginaires.

Céleste est décrite « molle et languissante », « étalée comme un lac, mais avec de terribles retours de bouillonnement où sa fureur rappelait le danger des crues et des tourbillons liquides qui entraînent tout, saccagent tout ». Le Narrateur n'a jamais connu de personnes aussi volontairement ignorantes, n'ayant absolument rien appris à l'école (pauvres Dames de Saint-Maur de La Canourgue!), « mais dont le langage était aussi agile à tourner des éloges ou critiques, aussi sincères et faux que soient les uns et les autres ». Pour évoquer cette singularité de Céleste, il lui reconnaît sans hésiter un « génie étrange ». Génie est évidemment un mot très polysémique, mais Proust y désignait l'intelligence primesautière de Céleste, sa finesse et son authenticité.

Comment a-t-elle vu Proust? Voici son curieux portrait, dessiné par elle, mais écrit par lui. Elle le trouve beau : « Regarde, Marie, ses traits si fins. O miniature parfaite, plus belle que la plus précieuse qu'on verrait sous une vitrine, car il a les mouvements, et des paroles à l'écouter des jours et des nuits. » Il est distingué surtout : « [...] rien que pour poser sa main sur la couverture et prendre son croissant, quelle distinction! » Et il « boit son lait avec un recueillement qui me donne envie de faire ma prière ».

Céleste admirative ne méconnaît pas pour autant ses défauts : il est maladroit, et se tache avec son lait renversé; il est gaspilleur car, s'il n'était aussi riche, il ne jetterait pas le croissant du petit déjeuner parce qu'il a touché le lit. Mais voilà plus grave : il est hypocrite, faux modeste et joue les cœurs simples : « "Ah! sac à ficelles, ah ! douceur, ah ! perfidie ! rusé entre les rusés, rosse des rosses ! Ah ! Molière !" (C'était le seul nom d'écrivain qu'elle connût, mais elle me l'appliquait, entendant par là quelqu'un qui serait capable à la fois de composer des pièces et de les jouer.) "Céleste !" criait impérieusement Marie qui, ignorant le nom de Molière, craignait que ce ne fût une injure nouvelle. »

Marcel Proust juge ensuite à son tour les sœurs Gineste. Il s'amuse de leur naïveté, elles qui n'imaginaient pas qu'on vienne à Balbec comme Monsieur Nissim Bernard pour draguer des garçons de restaurant. Elles prennent les poèmes de Saint-John Perse pour des devinettes, parce qu'il en souligne, en lisant, les interrogations. Mais elles ont un talent fou pour prendre « d'admirables masques de théâtre » et contrefaire les clients de l'hôtel (il rapportera à Robert de Billy la saveur d'un dialogue entre Céleste et son beau-frère ambassadeur). Marcel Proust blâme enfin leur obstination à ne rien apprendre (Céleste n'a jamais lu que *Les Trois Mousquetaires*, fascinée par la diabolique Milady), mais pour préciser aussitôt après que les sœurs Gineste « étaient pourtant aussi douées qu'un poète » et si Françoise n'aimait pas ces deux « enjôleuses », lui, Marcel Proust, les trouvait supérieures à toutes les clientes de l'hôtel. Proust échappe donc ici aux conventions de son temps, s'attachant davantage aux qualités des gens qu'à leur rang social.

Laissons le roman, pour revenir à la chambre de liège. Proust n'en sort plus. L'asthme s'aggrave, la santé décline. Il a de plus en plus besoin de Céleste que la sonnette appelle sans cesse dans sa chambre. A-t-elle craqué, épuisée de fatigue? Avait-elle pris sur son maître un ascendant qui l'a rendue insupportable? Dans une lettre d'octobre 1919 à l'ami Jacques Porel, Proust précise : « Non seulement, je suis davantage malade, mais j'ai renvoyé Céleste. Et puis, naturellement, je l'ai reprise. »

Philip Kolb n'a jamais questionné Céleste sur ce point et Odile Gévaudan, la fille de Céleste, que j'ai interrogée, n'a jamais entendu sa mère parler de renvoi. Lorsqu'au contraire, Odilon voulut en 1919 réaliser le projet, différé par la guerre, d'acheter un commerce pour lequel il avait réuni l'argent, Céleste refusa de quitter Proust. Il en fut de même pour l'achat d'un garage en association avec Jacques Porel, que celui-ci finit par acheter seul. Il s'agissait donc, estime Odile Gévaudan, « d'une petite altercation comme ils en avaient beaucoup ». « D'habitude, lorsque la discussion s'envenimait, Proust demandait à ma mère de se retirer... C'était probablement un incident mineur, car si vraiment Proust avait parlé de renvoi, ma mère ne serait pas revenue sur sa position — c'était son caractère — et papa aurait été trop heureux de récupérer sa femme, pour poursuivre sa vie comme il l'avait projetée. » Une autre interprétation serait que Proust, trouvant Céleste trop lente à écrire sous sa dictée, se soit impatienté et l'ait renvoyée à sa cuisine, avant de la rappeler pour reprendre. Car il lui dictait des lettres et retouches du roman, elle collait et montait les paperolles.

Aujourd'hui, on risque toujours de s'étonner des fautes d'orthographe de Marcel Proust... avant de vérifier qu'elle a écrit certaines lettres signées de lui. Quand il ne put même plus dicter, elle prit l'initiative de lettres personnelles, très courtoises malgré l'orthographe et le style défaillants : « Monsieur Marcel Proust fesait dire à Monsieur Desjardins, combien il a été touché de sa lettre. Et m'avait envoyer demander à Mr Desjardins à tout hasard si Mr Desjardins avait été libre ce soir, et avait bien voulu venir, jusqu'à Mr Proust. Il aurait pus avec la voiture amener et reconduire Monsieur Desjardins chez-lui. Ne trouvant pas Mr Desjardins ce soir Mr Proust le prie de ne pas ce dérrangé, jusqu'à ce que Mr Proust lui fera signe à nouveau. » (Céleste Albaret à Abel Desjardins.)

Lorsqu'il devint incapable de parler, parce qu'il avait atteint ce degré d'essoufflement que les pneumologues dénomment dyspnée d'élocution, dernier stade de l'insuffisance respiratoire où utiliser le moteur du souffle pour mobiliser les cordes vocales déclenche la toux, il communiqua avec elle par de petits billets. Le tome XXI de Kolb en présente dix, mais il y en a quatre-vingts à l'Université d'Austin, au Texas. Textes courts, parfois incompréhensibles, sur des notices de Louis Legras ou des morceaux de *Lit tout*. On y retrouve les contradictions proustiennes habituelles : « Je ne prendrai rien, mais préparez du café au lait, car je risque d'en demander, quitte à ne pas le prendre. » Ou encore : « Achetez des asperges et faites-les cuire mais peut-être ne les prendrai-je pas. »

Et puis apparaissent les rapports d'autorité : « Tous vos linges sentent une odeur âcre qui m'excite à ces quintes si inutiles. J'espère que vous allez tenir un compte formel de mon ordre. Sinon je serais plus que fâché. » Mais les billets silencieusement tendus s'associent à des regards, et en écrivant « fâché », a précisé Céleste, il me regardait avec un sourire. L'ordre du maître et le sourire de l'affection. D'autres fois, les billets plaident l'éloignement : « Ne restez pas » ; ou encore : « Vous voyez que mes quintes ont recommencé parce que je vous ai parlé. » Céleste le fait tousser, elle est sa « coqueluche » dirait-on, si l'expression n'était passée de mode, autant que la coqueluche depuis les vaccinations.

Mais l'essoufflement n'explique pas tout, car les billets participent aussi au petit jeu de la séduction, écrivant à Céleste des choses qu'il n'oserait lui dire de vive voix, tout en la tenant à distance. Avant Céleste d'ailleurs, il écrivait de nombreux petits billets à ses petits amis lycéens, puis à sa mère tant qu'elle fut auprès de lui. Ces petits papiers, glissés furtivement aux destinataires, ne les appelle-t-on pas des « billets doux » ?

L'un des billets révèle : « J'ai fait de tendres et jolis vers sur vous. »

> « *Grande, fine, belle et maigre,*
> *Tantôt lasse, tantôt allègre,*
> *Charmant les princes comme la pègre*
> *Lançant à Marcel un mot aigre,*
> *Lui rendant pour le miel le vinaigre,*
> *Spirituelle, agile, intègre*
> *Telle est la nièce de Nègre.* »

Sa tendresse, qu'il n'osait manifester, il l'a donc écrite dans ces vers de mirliton. Et si ce n'est pas de l'amour qu'il éprouve pour Céleste, cela lui ressemble étonnamment dans ces deux billets :

« Je suis crispé comme on ne peut l'être [...] mais vous allez venir vous mettre devant moi *longuement**. » et enfin : « Ecoutez Céleste : vous voir, *toujours vous**. »

---

* Souligné par l'auteur.

De l'asthmatique « intoxiqué »
au Docteur Marcel Proust :
l'« albumine mentale »

Le jugement de Proust sur la médecine et les médecins a évolué suivant une trajectoire allant de l'« organique » (à la Cottard, c'est-à-dire croyance et observance absolues), jusqu'au scepticisme et au rejet, pour adopter un « psychologisme » dangereux.

Anxieux et hypocondriaque, il a consulté de nombreux médecins parisiens célèbres, les « grands patrons », qui ont laissé leur nom glorieux dans l'histoire de la médecine française et dont les deux professeurs Proust lui ont ouvert la porte. Le Pr Vaquez, « garçon intelligent et sérieux », pour le cœur et le tube digestif. Le Pr Déjerine, neuropsychiatre, pour le nervosisme (mais Proust n'a jamais séjourné dans sa clinique de la rue Blomet). Le Pr Babinski, pour ses maux de tête (abusant d'adrénaline, il se croyait atteint d'une tumeur cérébrale à opérer); présent au décès de sa mère, il assistera aussi, appelé par son frère, Robert, aux derniers moments de Marcel.

Pour l'asthme, deux de mes prédécesseurs pneumologues sont intervenus après Brissaud, le Dr Michel-Léon Faisans, médecin de l'hôpital Beaujon, puis « celui qui est considéré comme le meilleur », le Dr Pierre Merklen, de l'hôpital Laennec. Il m'a dit que mon « asthme était devenu une habitude nerveuse et que la seule manière de le guérir était d'aller dans un établissement antiasthmatique qui existe en Allemagne et où on me fera *(Proust a surchargé ce "fera" de "ferait")* (car je n'irai sans doute pas) perdre l'habitude de mon asthme, comme on démorphinise les morphinomanes ».

Effectivement, il n'ira pas. Un an plus tard, totalement désemparé après le décès de sa mère, et comme pour exaucer le vœu qu'elle avait formé pour lui, il séjournera dans la clinique du Dr Sollier (alors qu'il était attendu chez Déjerine et quelques autres!), mais il ne veut entendre alors que médecine traditionnelle, sang et urines : « Le médecin idéal à mon gré, écrit-il à Mme de Noailles, est celui qui, comme dans le vitrail de la cathédrale de Reims, scrute les urines, plutôt que celui qui psychologise à la manière de Vaschide » (médecin roumain déjà évoqué).

Survient la guerre de 1914. L'officier d'administration de deuxième classe du service de santé Marcel Proust est rayé des cadres depuis trois ans, mais il lui faut échapper à la mobilisation générale. Bize rédige le certificat de maladie : « M. Proust [...] est atteint de crises d'asthme très violentes et quotidiennes, d'une profonde déchéance physique et d'affaiblissement nerveux... » Aussi est-il « dans l'impossibilité absolue de rendre aucun service dans l'armée ». Il échappe à l'incorporation, mais le voilà convoqué devant le conseil de réforme. Second certificat de Bize : « Depuis de longues années, M. Proust est alité et dans un état de déchéance physique tellement prononcé qu'il lui sera impossible de se présenter devant le conseil de réforme. » Bize est très gentil : si Proust vit couché, ce n'est pas uniquement pour cause de maladie ! Le Dr Faisans certifie lui aussi la gravité de l'asthme, mais ajoute « des troubles nerveux assez graves [et] un état d'asthénie » qui le contraignent à une immobilité complète, le rendant donc inapte à toute espèce de service, même auxiliaire. Proust était-il vraiment incapable de partir pour la guerre ? Oui, si l'on estime que la guerre ne prenait que les guerriers, non, si on considère que des milliers d'autres ont été mobilisés, sans être plus guerriers que lui.

Dans ses années suivantes, Proust a compris qu'on ne le guérirait jamais et considère médecine et médecins avec une ironie féroce, constamment freinée par son appartenance au milieu médical, dont il ne peut se désolidariser. Lui qui s'est longtemps satisfait de « l'intoxication » de Cottard pour expliquer son asthme, voilà qu'il le ridiculise avec la conjonctivite du Grand-Duc à Balbec. Celui-ci a fait appeler Cottard, nouveau promu professeur de toxicologie et réputé dans la station balnéaire comme spécialiste des intoxications (honoraires en rapport). Il qualifie le problème oculaire du Grand-Duc d'« état toxique » et lui prescrit un régime détoxiquant. Echec. On fait appeler le « médecin ordinaire », le bon Dr du Boulbon, qui est « seulement un médecin très consciencieux » et qui guérit le Grand-Duc « en cinq minutes » en retirant de son œil le grain de poussière responsable (allusion à la réputation nationale de son grand hygiéniste de père, incapable de guérir son fils ?).

Son médecin personnel (si l'on peut dénommer ainsi le médecin de quelqu'un qui se soigne tout seul !), le Dr Bize (condisciple d'études de son frère le Pr Robert Proust), est un petit homme grisonnant, très bien sous tous rapports nous a dit Céleste, gentil et appliqué, qui donne à Marcel

Proust du « Maître », mais trop déférent par conséquent pour lui imposer ses prescriptions. Proust est ravi de cette médecine si peu orthodoxe : « Ah ! Que sont reposants les médecins comme ce bon Bize qui ne m'a pas ausculté depuis dix ans. » Il le fait venir surtout pour lui demander des ordonnances, ou lui poser les questions médicales nécessaires à la *Recherche*. Le malheureux Bize répond fidèlement aux appels, mais sans illusion sur son efficacité, puisque le malade envoie Céleste acheter les médicaments et (hormis les fûmages de poudre Legras) ne les prend pas.

En 1922, sa dernière année, c'est à la mi-août que sa santé devient alarmante : « [...] depuis un mois, je suis un vrai mort-vivant à qui ont été successivement retirés la parole, la vue, le mouvement. » Les médecins accusent une intoxication par l'oxyde de carbone issu de la cheminée fissurée, et confiné dans une chambre jamais aérée. Céleste Albaret a innocenté l'oxyde de carbone, puisqu'on avait renoncé à faire du feu dans les cheminées au tirage défectueux de la rue Hamelin. Elle a démenti également des troubles aussi graves : s'il était tombé à chaque pas, dit-elle, je l'aurais vu, s'il avait perdu la parole, je m'en serais aperçue. Elle paraît oublier qu'il ne sortait plus de son lit et ne lui parlait plus qu'avec des billets. Le datura, nous l'avons vu, était probablement le coupable, mais ni lui ni les médecins n'y ont pensé.

Proust en tout cas n'a pas cru à l'explication oxyde de carbone : « C'est bien ingénieux et bien consolant pour être vrai. » Voici sa conclusion, sa déception définitive : « La médecine est une chose inénarrable. » Et le lendemain à Ernst Robert Curtius : « La médecine est vraiment une Science (?) excessivement comique... » Voilà la preuve que l'interdit paternel n'a jamais été levé. Regrettant d'avoir été aussi sévère, il se censure aussitôt après : « Je ne veux pas parler sans respect des médecins, mon père était Professeur à la Faculté de Médecine et mon frère également Professeur à la Faculté de Médecine est l'homme le plus courageux, le plus savant, le plus intelligent. » Voilà l'honneur de la famille rétabli. Mais l'explication justifiant sa défiance envers la médecine est beaucoup moins crédible : mon père est mort, et mon frère, je suis trop malade pour le recevoir. Quand je sors, c'est la nuit à 4 h du matin et je ne vais pas le réveiller, le pauvre, lui qui doit se rendre à l'hôpital à 8 h. Autre explication, une autre fois : « mon frère est si terriblement occupé à ouvrir les cancers et à ressusciter les morts », qu'il ne peut « me donner une minute ». La réalité est bien plus simple : Proust n'a plus confiance qu'en lui.

A force de lire des livres de médecine, de

questionner les médecins, d'expérimenter leurs traitements sur lui, il s'est érigé en un médecin autodidacte. Et comme on se répare aussi en réparant les autres, son bon cœur ne résiste jamais à dispenser aux autres, diagnostics et traitements. Ainsi, fait-il des offres de service à Gaston Gallimard : « Si vous voulez que nous causions santé et guérisseurs, propose-t-il *(discrétion assurée), je* suis à vos ordres ». Et dans le cas où son éditeur trouverait bizarre qu'un malade se fasse médecin (d'un homme en parfaite santé), il précise que ses aptitudes thérapeutiques lui sont infructueuses, parce qu'il ne se les applique pas (« je ne veux pas ce que je sais »), mais qu'il réussit chez les autres là où il échoue pour lui.

Il n'hésite pas non plus à prescrire. Pour les rhumatismes d'Albert Thibaudet, il préconise un régime sans viande, sans alcool, et purgatifs répétés... s'interrompant subitement lorsqu'il craint de verser dans « l'exercice illégal de la médecine ». A Sydney Schiff, il prescrit l'adrénaline, meilleur stimulant que le champagne (surveiller la tension et le cœur, associer les pilules laxatives Boissy, une fois par quinzaine, après les repas), réduction progressive de l'alcool (sevrage de la bouteille de champagne quotidienne en quinze jours). Lui-même, avoue-t-il à Schiff, a pris un peu sa succession pour la boisson. Proust alcoolique ? Je ne le crois pas, mais un médecin de la *Recherche* conseille au Narrateur l'alcool, comme euphorisant thérapeutique de la crise d'asthme.

Proust est sûr de ses capacités thérapeutiques, parce que (il en informe ses patients) il a guéri plusieurs malades, certains très rapidement, « l'un en deux mois, l'autre en vingt minutes », malades pour « lesquels des médecins instruits et soigneux (notamment mon père, je m'en souviens) » avaient échoué, soulignant que c'étaient des maladies organiques, par conséquent inaccessibles à la psychologie. « Notamment mon père » : voilà le triomphe, tardif mais définitif. Non seulement, il n'est pas le bon à rien pronostiqué, il a réussi en littérature, mais il réussit aussi en médecine, là où son père a échoué.

Il ne veut pas, cependant, guérir tout ce qui est « nerveux », car la névrose est parfois protectrice. Ainsi, avait-il fait un diagnostic de « dyspepsie nerveuse » chez un dilaté de l'estomac, si gravement atteint qu'un verre d'eau stagnait plus de quinze heures dans son estomac et où tous les spécialistes, dont son père, avaient échoué. Il l'avait adressé au Dr Dubois, de Berne, qui en un quart d'heure de conversation, avait permis à ce malheureux de digérer le soir même un homard. Mais le malade avait aussi de l'albumine dont sa névrose gastrique, l'incitant au régime, le protégeait et, en guérissant sa névrose, le Dr Dubois l'a tué car il est mort d'urémie ! J'ignore si ce pauvre homme est vraiment décédé d'« urémie » (comme on disait au temps de Proust), mais sa maladie était sûrement plus grave que sa névrose !

L'évolution de Proust l'a donc conduit à cette déviation, plus actuelle que jamais, qui consiste à rejeter médecine et médicaments. Il a eu tort d'affirmer que « les maladies que crée la médecine ne guérissent jamais, car elle ignore le secret de la guérison », mais que « les maladies naturelles guérissent ». (Et le SIDA !) Son dépit procédait de l'impuissance thérapeutique de ses médecins, et l'acuité d'aigle de son regard observa autant leurs défauts que leurs mesquineries. Il fit dire à son Narrateur qu'à la fin, « Bergotte ne fit plus venir le médecin », mais se plaça ainsi en position mortifère.

Cette défiance est toujours le dépit d'une confiance excessive, prêtant à la médecine plus qu'elle n'a, dans l'attente qu'un Docteur Faust découvre l'immortalité humaine, espoir que des maladies nouvelles viennent sans cesse démentir. Un siècle après Proust, le même clivage demeure, il y a toujours des Cottard et des du Boulbon. Ceux qui ne veulent connaître que des lymphocytes, cytomégalovirus et pneumocystes, et ceux qui, au-delà, les rapportent à la spécificité d'un humain. Dans les années 1890, il y avait à Auvers un Dr Gachet, soi-disant grand spécialiste de maladies nerveuses, qui a laissé évoluer vers le désespoir et le suicide un certain Vincent Van Gogh, sans lui acheter une toile, tandis qu'à Arles un petit médicastre, Félix Rey, non seulement soignait son oreille tailladée mais lui disait, venez dans mon bureau, nous allons écrire ensemble à votre frère, Théo, pour le rassurer. On ne saurait blâmer les Cottard, qui commencent par le commencement : tout médecin digne de ce nom se doit d'abord à sa technique médicale et l'humanisme seul serait une imposture. Est-il possible, cependant, de voir encore dans des couloirs d'hôpitaux un jeune homme décharné, prostré, absent, abandonné, solitaire et presque nu sur son chariot, parce que l'ambulance est en retard, que sa famille l'ignore car il a tu sa maladie, ou que, dit-on, il n'y a « plus grand-chose (!) » à faire. Qu'importent alors les lymphocytes : cette bête malade et traquée, c'est un être humain !

Et moi, qui viens de vous expliquer en tous sens l'asthme de Proust, puis-je la faire, cette confidence, qu'une fois, au fond d'une déréliction, j'ai éprouvé un étouffement, une vraie, terrible, typique, unique, crise d'asthme ?

REMERCIEMENTS

Je tiens à remercier tout particulièrement :
Jean Bernard, *de l'Académie française,*
Anne Borrel, *secrétaire général de l'Institut
Marcel Proust International,* Bill Carter,
professeur de littérature française à l'Université de Birmingham, Alabama, Jean-Louis Curtis, *de l'Académie française,*
Edith Desternes, Dominique Fernandez,
Pierre Gazaix, Odile Gévaudan-Albaret,
Roger Grenier, Jean Guitton, *de l'Académie
française,* Anne Henry, Jean Milly, Marie-Christine Saldana *et* Maurice Schumann, *de
l'Académie française, président de la
Société des Amis de Marcel Proust et des
Amis de Combray.*

RÉFÉRENCES BIBLIOGRAPHIQUES

Correspondance de Marcel Proust, Philip Kolb, Plon, 21 tomes.

A la Recherche du temps perdu, Marcel Proust, Gallimard, « Bibliothèque de La Pléiade », 4 tomes.

Les Plaisirs et les Jours, suivi de « L'indifférent », Marcel Proust, Gallimard, « Folio », 1993.

Monsieur Proust, Céleste Albaret, Laffont, 1991.

Mémoires d'un jeune homme devenu vieux, Gilles Barbedette, Gallimard, 1993.

Le Fil, Christophe Bourdin, La Différence, 1994.

The Proustian Q.U.E.S.T., William C. Carter, New York University Press.

L'Accompagnement, René de Ceccatty, Gallimard, 1994.

Les Nuits fauves, Cyril Collard, Flammarion, 1989.

Proust, Ghislain de Diesbach, Librairie Académique Perrin, 1991.

Corps à corps : journal du SIDA, Alain-Emmanuel Dreuilhe, Gallimard, 1987.

Cargo Vie, Pascal de Duve, Jean-Claude Lattès, 1993.

A l'ami qui ne m'a pas sauvé la vie, Hervé Guibert, Gallimard, « Folio », 1990.

Le Protocole compassionnel, Hervé Guibert, Gallimard, « Folio », 1991.

Cytomégalovirus, Hervé Guibert, Seuil, 1992.

Eve, Guy Hocquenghem, Albin Michel, 1987.

Le Temps sensible, Julia Kristeva, Gallimard, « NRF Essais », 1994.

Une adolescence du siècle. Jacques Rivière et la NRF, Jean Lacouture, Seuil, 1994.

Le Sommeil de Marcel Proust, Dominique Mabin, Presses Universitaires de France, 1992.

« Coup de sonde : littérature et sida », Frédéric Martel, *Esprit*, novembre 1994.

Proust et son père, Christian Péchenard, Quai Voltaire, 1993.

Les Fragments de Kaposi, Mohamed Rouabhi, Actes-Sud Papiers, 1994.

Maladies of Marcel Proust. Doctors and disease in his life and work, Bernard Straus, Holmes & Meier Publishers, New York.

Le Sexe de Proust, Stéphane Zagdanski, Gallimard, 1994.

TABLE

207

PNEUMOCOQUE ET VIRUS

9 782246 506119